東京の図書館で働いて

カウンターの内から外へ

なかしま のぶこ

プロローグ

仕事人生の次はどう生きましょうか

サラリーマンなら誰もが迎える「定年後」。

二〇〇三年頃。数年後に定年を迎えようとしていた私にとって、それは希望に満ちたものでした。誰にも縛られず、指図もされず、誰にも気兼ねすることなく、二十四時間が自分のもの。私のかつての上司も、定年になった翌日、定年の「辞令」をポーンと投げ捨て、たかどうかは知りませんが、「東海道歩き旅」に出立しました。私もまた、そんな自由を享受すべく、「自由になる日」を心待ちにしました。六十歳と半年で三十六年間の仕事人生を終えようとしていました。

当時、「二〇〇七年問題」という言葉がありました。団塊の世代の先頭集団が、二〇〇七年三月に大量退職するという事態をとらえての言葉だったと思います。でも、二〇〇七年三月、問題は起きなかったようです。バブル崩壊の後遺症なのか、年金問題のせいなのか、「大量退職」という事態は回避されたようでした。

私の周りでも、六十五歳からの年金支給ということで、再任用とか再雇用という形で仕事を続ける人が多くなりました。が、退職後の再任用の職場を自分で選べる訳でもなく、三十二年間働いた図書館で、再び仕事を続けられる保障もなかったので、私はあっさりと退職することにしました。

「もう大きな組織の意向に自分の人生を左右されたくない」という気持ちでいっぱいでした。組織の意向に左右されるのは、サラリーマンなら当たり前、と言われて当然でしょう。

私の場合、三十二年間の図書館での仕事のあとに、定年までの四年間を区役所の福祉課で仕事をしました。私にとっては不本意な人事異動で、自分の中で整理がつかないまま定年を迎えたので、「もう誰にも左右されたくない」という強い気持ちがあったのだと思います。

それでも定年間際に、図書館での最後の職場から、私が担当していた仕事の担当者が産休に入るというので、約八か月間アルバイトをすることにしました。最後の最後に、好きだった図書館の仕事ができて幸せでした。

さて、何からはじめましょうか?

いよいよ自由の身になりました。海外旅行、語学留学、ひとり旅、田舎暮らし、ボランティア、嫌いな運動も何かひとつ。定年後にやってみたいと思っていたことの数々。さて、何からはじめましょうか?

まずは海外暮らし。一週間ぐらいの旅行ではなく、その地に、その街の人として生活する滞在型の旅行を体験したい、最低でも一か月くらい。

そして、再び学び始めた英会話で、外国の人たちと会話してみたい。語学学校にも入ってみたい。それが六十歳からの語学留学でした。正確には六十一歳になってしまっていましたが——。

オーストラリアのアデレード市で、学生をしていた娘の伝手を頼って語学留学を実行しました。定年になった年の翌年の正月明けから、四十日間の往復チケットを手に入れました。ホームステイも体験しました。それがとても楽しかったので、翌年も翌々年も年末からお正月にかけて、アデレードへ行くことになりました。

英会話もやり始めて、今やっと、楽しいなと思えるレベルになりました。アデレードに行っていた頃はまったくダメで、語学学校の若いクラスメイトやホームステイ先のホストマザーにさぞあきれられてしまったことでしょう。

住んでいる街のシニア大学で俳句に出会い、俳句サークルにも入りました。

英会話も生徒同志はファーストネームで呼び合いますが、俳句の仲間も姓ではなく下の名前で交流します。六十歳とか七十歳のおじさん、おばさんが小学生に戻ったみたいに、○○さん、○○ちゃんなどと呼び合います。それぞれの現役時代など知ることもなく、お互いに過去をひけらかすこともなく（ちらっとこぼれることもありますが）、風雅な世界、言葉の世界で遊ぶ、とても新鮮な時間です。

そうそう、引越しもしました。

約三十年間暮らした月島から、東京湾の突端、晴海に引越しました。終の棲家になりそうです。

月島では徒歩五分以内のところに出張所、図書館、スーパーマーケット、銀行、郵便局があり、地下鉄は二駅が使えるとても便利な場所でしたが、新しい住居は地下鉄の駅まで徒歩十分、図書館まで十五分強！　のところです。たった十分ほどの違いですが、現役時代はその十分が大きかったので、なかなか引越しの決断ができませんでした。

今は「毎日が日曜日」のありがたい身分。図書館への距離はウォーキングをしているつもりで、私にとっての唯一のエクササイズだと思えば一石二鳥です。運動嫌いな私が、運動のためにわざわざ歩く、という習慣はまず身につかないでしょうから。

図書館は私の生活の基本なので、行かざるを得ません。毎日ではありませんが、図書館に行って、ついでにスーパーや郵便局などで用事をすませて、などとしていると一時間くらいは歩くことになります。それをやり終えると「おお！　一時間歩いた！　今日の運動はクリア！」とホッとして、「運動しなければいけない」という脅迫観念から解き放たれます。精神衛生上、とてもいいのです。

また、「江東区図書館友の会」の活動にも関わっています。

「江東区図書館友の会」は二〇〇二年に結成されました。途中で加わりましたが、職員として働いた「図書館」へ、利用者として声援を送るつもりで参加しています。

振り返れば、図書館のいい時代だったかな

そんなこんなで、気がついたら六十五歳になっていました。

書くことが好きなので、本にまつわる文章なども書いていました。

「書くことが好きなら、本にしたほうがいいよ」と言われたことがありました。

ふーん、そういうものなのか、と思いました。

「図書館のことを書いたら」とも言われました。

正直なところ、図書館時代のことはもう考えたくない、という気持ちでした。過去のことはもういい、未来のことだけを考えて生きて行こう、と図書館を出た時、決めたから。

でも、三十年以上もの年月を過ごした、大好きな図書館。「書いたら？」とすすめた人が

「私の愛した図書館」などと大げさなタイトルを口にした時には、とてもとても、そんな、気恥ずかしい、ありえない、と思いました。専門職制度もない東京の図書館の仕事なんて人に言うほどのこともないし…。

「図書館のいちばんいい時代に仕事してきたんだよね」とも言われました。この言葉に少し反応しました。

そうなんだ、私は公共図書館発展期の東京の図書館で仕事をしてきたのだ！

民間委託の波にさらされ、図書館が骨抜きにされてしまいそうな今を思うと、私は東京の図書館の本当にいい時期に仕事をすることができたのだ。それはとても幸せなことなのだと思い至りました。

全国的にも図書館数においては最も飛躍的に発展してきたのに、司書職制度もない東京の区立図書館。そして「窓口業務の民間委託」など、大胆な民営化に舵をきってしまった東京の区立図書館。

司書職制度のない東京の区立図書館の、二〇〇〇人とも三〇〇〇人ともいただろう図書館員たち。

そのうちの一人として、ささやかな個人的体験をもとに「図書館のいい時代」を振り返ってみてもいいかな、と思えてきました。

もちろん、私より適任者はいるはずでしょうが、たまたま、書いたら？　とすすめる人が身近にいたよしみで、「ある個人的な視点」としてなら書くことができるかもしれないなどと様々な理屈を引っ張り出して決めました。

そして私の「定年後」約五年間のまとめとして三つのテーマで書くことにしました。

第一部、私と図書館――東京の区立図書館での三十二年

第二部、定年後の語学留学――旅先で出会った海外の図書館の写真なども旅の記憶として紹介します。

第三部、本との出会いあれこれ（江東区図書館友の会　ＬＴ通信より）

「十万字だよ、十万字！」と別れ際の声。

「えっ、そんなに書けるだろうか」と思いつつ、先の見えない作業にどうにかとりかかることになりました。

これからも住民に愛される図書館であり続けてほしいという願いを込めながら、まずは私の図書館時代を振り返ってみようと思います。

目次

プロローグ

第一部　私と図書館――東京の区立図書館での三十二年

第一部　私と図書館――東京の区立図書館での三十二年

自動車図書館が大活躍のころ

図書室に入り浸っていた女子高校生

一九七〇年、愛知県の大学を卒業して東京へ出てきました。当時の地方の大学出の女の子の身の振り方では、地元で就職をする、またはお見合いで結婚をするなどの選択肢が一般的だったように思います。そのどちらにも現実味を感じていなかった私は、さらなる夢を追うために、というよりは今でいうモラトリアム状況にあったのかも知れません。文学の勉強をしたいと一年間という条件で上京しました。東京への夢もあったのでしょう。すぐに帰る予定でしたが、その一年間の間に結婚することが決まり、東京で暮らすことになってしまったのです。

東京で暮らすためには、まず仕事をどうするか考えました。そこで頭に浮かんだのが図書館司書の資格をとる、ということでした。

高校時代は新聞部に属していて、野球部の試合の取材記事を書くとか、編集、割付など少しかじり、こういう仕事もおもしろいなと思っていました。

社会科学研究会いわゆる「社研」というサークルもある自由な校風の学校でした。新聞部には「社研」に属している先輩もいて、なにやら「社会問題」をひそひそ議論しているような、今思えばそんな雰囲気が身近にありました。

社会科の先生たち専用の教員室があって、時々のぞくこともありました。教員室の棚には「朝日ジャーナル」のバックナンバーが揃っていました。大学生になってサークルのメンバーと何かの集会に参加したとき、高校の社会科の先生にばったり出会うということもありました。

そしてよく入り浸っていたのが図書室の司書教諭の先生のところ。図書室の隅の事務室です。社会科の先生も司書の先生も男性でしたが、どの先生もとても優しかったという印象がありました。

司書教諭の先生にまとわりついている間に、「司書資格」があることを知りました。でも、まだ図書館を仕事としてとらえるより、本を読む場、本を借りるところとしての関心しかなかったようです。

高校の図書館の貸出方式はニューアーク式（後年、図書館に就職して知ったことですが）といって、本の裏表紙にあるポケットにはさまれたカードに、借りた人の名前を記入し、そのカードを図書室で保管する。本が返されたら、カードはまた本のポケットに戻します。

つまり本の裏ポケットのカードを見れば、だれがその本を借りたかがわかります。今の感覚でしたら、読書の秘密は守られないのか？　と思いますが、当時はカードに自分の名前を記すのはなかなか誇らしいものでした。手に取った本のカードに、ライバルの友人の名前を見つけるとさっそく自分も借りてみたりと。

司書の先生の話のなかで、今も覚えているのが「ファイリング」という言葉でした。書類を整理するみたいなイメージで、その言葉にはあまり魅力が感じられませんでした。「仕事」という現実的なことよりも、まだまだ空想の世界に漂っている年齢だったのでしょう。

大学時代。図書館といえば、サークルでの付き合いに疲れた時、一人の時間を楽しみたい時、集中して宿題をする時（そう言えば勉強はいつも喫茶店でした）に時々出入りしていました。

大学の図書館では本の館外貸出はしていませんでしたが、新書に限って「一夜貸し」をしていました。それを時々利用していました。新書なので数時間で読めるものも多く、翌日には返却することができました。

学生時代に司書資格をとる機会があったのですが、一九六〇年代末は学生運動も盛んな時代で、人並みに「ユネスコ」に関わる社会科学系のサークル活動に明け暮れ、思想や哲学、社会科学系の本を追い求めていたので、どんな仕事に就くか、どうやって働いてお金を得るかなど真剣に考えず、抽象的な世界を生きていました。「資格を取る」など生活的なことには関心が向きませんでした。

でも、サークル活動で学んだ「女も経済的自立をして生きていかなければならない」ということは、理念として心に刻むことができたようです。サークルの機関紙に『あゝ野麦峠』

（山本茂実著・朝日新聞社刊）の感想文を書いたことがありました。その本の影響もあったのかもしれません。ではどんな仕事をとなると、卒業の時点ではまったく考えが煮詰まっていませんでした。

大学卒業、結婚、司書資格の講習

東京で暮らすことが決まり、とりあえず、図書館司書の資格を取ることにしました。東洋大学の司書課程の夏季講習に通いました。

この期間は働くこともできず収入が無いので、当然のことながら夫となった人に養ってもらわなければなりません。自分で自由になる収入が無いということはこういうことなのかと、この時身にしみました。夫となった人に何か言われた訳ではないけれど、何か言いたいことがあっても一瞬引いてしまうのです。思ったことを口にすることができません。

たぶん、「働いていない自分」「稼ぎのない自分」を意識して遠慮をしてしまったのでしょう。これにより当時流行っていたウーマンリヴに目覚めたという訳ではありません。それほど自立した自分があったわけではありません。大学のサークルで聞きかじった生意気なことを言うと、ひと回りも上の長兄が「働らかざる者食うべからず」と、どこかの政治家の言葉を引いてよくお説教されました。そんな兄に言うべき言葉が見つからず、泣いてくやしい思いをしました。そんな体験が身にしみているのか「働かなくてはいけない」という意識はどこかにあったのでしょう。

夫の稼ぎは夫婦の稼ぎであり、妻にも稼ぎを享受する権利があると思う人もいることでしょう。そういうふうに思えない私は専業主婦になれないだろうと、この半年ばかりの無収入状況のなかで感じたのでした。

東洋大学の夏季講習では、司書と司書教諭の二コースを取っていたので、午前九時から午後五時の授業に加えて、時には夜間の講義もありました。「図書分類法」とか「資料管理論」とか、実践を伴わない講義はイメージがわかず、あまりおもしろくありません。

それでも唯一興味がわいたのは「図書館活動」の講義でした。公共図書館が、今現在どんな仕事をしているのかについて、現場からの報告のようなお話でした。講師は当時の日野図書館長の前川恒雄氏でした。ところが二回目の講義には前川先生は登壇せず、代わりの先生が講義をしました。その際、先生は「前川館長はこんな大きな階段教室では授業ができないと辞められました」というのです。

その後、図書館に職を得て知ったことですが、前川先生は理論的にも実践的にも日本の図書館界をリードしていた著名人だったのです。そんなすばらしい人の講義にほんの少しでも触れることができたのは得がたい体験でした。

講義の細部は記憶にないのですが、前川先生の話を聞きながら、「図書館が生きている！」と感じ、重たいまなこがパッと見開かれたのを覚えています。「図書館で働きたい！」という気持ちが現実味を帯びました。

後に、前川先生のいろいろな著作を、図書館の理念を学ぶ教科書として折りに触れ、開き、図書館は思想であるとも教えられました。

図書館でのアルバイト、そして幸運にも本採用

大教室での三か月の夏季講習を終え、大学の掲示板でみつけたアルバイトに応募しました。新宿区で中央図書館が建設の最中にあり、翌年春の開館に向けて若干名のアルバイトを募集していたのです。

この時代は公立図書館の発展期で、東京都では美濃部革新都政のもと、全国的にも先進的な図書館政策が打ち出され、二十三区もその政策の後押しのもと次々と新しい図書館が建設されている時でした。したがって司書資格のある人材の需要があったわけです。ただ、二十三区の図書館には「司書職」としての専門職制度がないため、一般の公務員試験を受けるしかありませ

ん。合格できれば、さらに運がよければ、図書館に配属されるという状況でした。

講習を一緒に受けた友人たちも、あちこちの公務員試験にチャレンジしていました。ラッキーに合格した人で「司書」を「秘書」と勘違いされ秘書室に配属されたという人もいましたが。

そういえば、東洋大学の夏季講習で一緒だったかつての仲間たちはその後、どんな人生を歩んだのでしょうか。一九七一年の夏、クーラーもない階段教室でともに講義を受けた彼女たち——。

小学校の先生を、身も心もくたくたになって退職し、司書講習を受けに来ていたけれど、結局、商社に勤務する恋人と結婚してブラジルへ赴任して行った人。有名私大を出て東京で働いていたけれど、資格を取って郷里の四国へ帰ると言っていた、バロック音楽の好きだった人。なかなか図書館の仕事が見つからないので、郷里の学校の事務職になると言って、やむ無く故郷に帰っていった人。

私はというと二回、試験を受けに出かけたりしましたが、公務員試験の勉強などしたことがなかったので無駄な挑戦でした。

しかし、ラッキーなことに、私がアルバイトをしている間に、新宿区の中央図書館開館に向けて、区独自の職員採用試験があり、運よく採用されました。この時、私の作文を評価してくださった採用担当者様、ありがとうございました。なんでも、図書館の児童室にやってくる子どもたちのきらきらした瞳を、ワクワクしながら見つめられる幸せを文章にしたように記憶しています。それが評価されたようでした。

そして、中央図書館開館と同時に図書館の仕事に就くことができました。

新人図書館員は、基本も知らないままの現場へ

一九七二年四月に開館した新宿区の中央図書館は四階建ての大きな図書館で、児童室や雑誌コーナー、広い閲覧室と立派な視聴覚室、郷土資料室、喫茶室もありました。

組織は管理係と奉仕係という二つの係で構成され、管理係は施設管理、予算管理が主な仕事で、そこに私を含め司書資格を持つ女性三人が配属されました。ちなみにこの三人のうち、私以外の二人は正規の公務員試験を受けて入った優秀な人たちです。

私たち三人の仕事は分館担当ということでした。

分館というのは区民館や青年館の一室に一万冊くらいの蔵書と閲覧机が置かれ、年輩の男性（女性もいました）館長と事務職員一人で運営されている、図書館ではなく図書室という感じの小さな図書館です。本は少なく古いものばかりで、利用するのは子どもたちと学生の

勉強部屋といった感じで、当時の東京二十三区のどこにでもあったと思います。そんな分館が三館あり、私たち三人はそれぞれの分館担当者として、分館の本の選定と購入などを担うことになりました。

本の分類や書名カードなどのカード作成、装備（ラベルを貼ったり、ビニールコーティングする）は、すでに外部の専門業者に委託していたので、「本の受け入れから配架まで」という図書館業務の基本を知らないままの司書の仕事でした。

中央図書館開館のための選書は、大学でドイツ哲学を専攻したという五十歳くらいの職員が一人で担当していました。（今にして思えば一人で選書なんて考えられませんが）

また、立派な視聴覚室のレコードの選定は、芸大出身でベートーベンのような風貌の職員が、やはり一人で担当していました。職場の宴会などでその人が歌うと、「天井からホコリが降って来るよね」と、当時の上司が冗談まじりに言うほどすばらしい声の人でした。

郷土資料室の担当者はいつも作業着を着て、江戸時代に四谷の用水に使用された、朽ちた上水木樋と格闘していました。

今にして思えば、それぞれの仕事に、それぞれの資格のある人、あるいはその分野の専門家を配置した人事だったのでしょうか。いい意味での「モチはモチ屋」という考えから生まれた、仕事の専門性を配慮した人事がなされていたといえます。

分館担当として配属された私たち三人の司書資格のある職員も、経験はないが等しいにも関わらず、それなりの専門の分館選書担当の司書として遇されたのです。内実はともかく。

管理係の事務職の先輩たちは、経験もないくせにそれなりの理屈を言う私たちに対して、「生意気なんだから」と言いつつも、少なからず「司書という専門家」という目で見て支えてくれました。初めての事務仕事も手取り足取り教えてもらいました。

直属の上司、私にとって人生で初めての上司であった管理係長は、事務職の人と一緒に若い私たちの生意気さを、手のひらの上で泳がすような大らかさで育んでくれたように思います。それに甘えてしまって、力も無いくせに専門家意識ばかり培養してしまったと、今はただただ恥じるばかりですが——。

図書館は受験勉強の席貸し？

奉仕係の仕事は、貸出カウンターと相談カウンターなどの窓口業務でした。

私自身、その後いろいろな図書館で仕事をしましたが、本の分類や書名カードなどの作成、装備、ビニールコーティングなど、図書館の裏方の仕事をしないで貸出カウンターに立つことはありませんでした。今にして思うと新宿区中央図書館の奉仕係は、県立図書館か都立図書館レベルの組織の考え方だったのかもしれません。

中央図書館には、大きな閲覧室があり（席数二七〇）、多くは受験勉強のために机を利用する学生たちのための、席貸し図書館のような状況になっていました。受付担当が席の番号札を渡す仕事をしていました。さすがにこの仕事については、当初から「下足番じゃないか」と不満が出ていました。今はどうなっているのでしょうか。

夏休みになると、図書館の前には席を求める利用者の長蛇の列ができていました。その風景は、「図書館で受験勉強」という見出しのもと、夏の風物詩のように新聞に掲載されるほどでした。当時、近くの予備校で「今度、図書館ができるのでそこで勉強するように」と、予備校の校長の訓示があったという話も聞こえてきていました。

「公共図書館は学生の受験勉強のための図書館ではない」「図書館本来の業務は貸出である」と一九六五年、東京の日野図書館が移動図書館（自動車図書館）一台から出発したという時代にもかかわらず、当時の二十三区の図書館では、閲覧席が三〇〇席もあるような大規模図書館が次々に建設されていたと、『東京の図書館史』の資料にありました。

新しい公共図書館像では、「貸出」によって図書館を人々の中へ、という理念が打ち出されていました。身近な図書館で、魅力のある本を気軽に借りられることによって、図書館で本を借りる人の数は飛躍的に増え、図書館は「貸出」によって利用者の要望に応えるように発展していきました。

一方、東京の住宅事情ではまだまだ席貸しの需要も多く、理想と現実のギャップのなかで、席を求める人々もたくさんいたわけです。閲覧席をたくさん有する新しい図書館が次々と建設される必然もあったのでしょう。

この問題点はその後の図書館運動のなかで様々に議論されました。

新宿中央図書館の受付担当の「下足番」問題について、当時の奉仕係の担当者たちが、この問題をどのように議論していたのかは、残念ながらわかりません。

また、管理係の司書たちは貸出カウンターに出ることもなく、購入した本の装備をすることもなく、利用者の顔も見えずに、分館担当として本の選書だけをしていました。

私にとって初めての図書館の仕事だったので、これが図書館の仕事だと思っていました。それはともかく、職場としてはとても楽しい場所でした。人間関係がよかったからでしょうか、はたまた、時代に余裕があったということなのでしょうか。

でも、この楽しかった職場も二年間で去ることになってしまいました。

高度経済成長期は東京の西側、多摩地区に次々と大規模団地を造成して人口も増え、それに連動するように多摩地区の図書館も増えていきました。

東部地区も、工場が郊外に移転し、その跡地に新しい団地が続々と誕生していきました。その東部地区の新しい公団の分譲住宅に応募し、運良く当選し、晴れて団地族の一員になりました。

住まいが目黒区から隅田川の東側、いわゆる下町地域になったので、勤務先も東部地域になれば通勤も楽になるかもしれないと、人事交流という行政の人事システムに応募しました。これもまた条件の合致する人がいたらしく、江東区への人事異動が決まったのでした。山の手から下町へと私の人生も大きく変わることになりました。

せっかく新宿区で採用していただいたのに、たったの二年間で去ることになり、新宿区になんの恩返しもできなく、申し訳ない思いが今もあります。楽しい二年間であったのでなおさらです。

そして、下町の赤いレンガの図書館に着任

一九七四年、人事交流のおかげで下町の小名木川沿いの赤いレンガ造りの小さな図書館（城東図書館）が、私の第二の職場になりました。

新宿区の近代的な大きな図書館とまったく異なり、時間が逆戻りしたような印象の図書館でした。西洋のお話に出てくるようなちょっと古ぼけた建物で、コの字型の建物に囲まれて真ん中には四角い小さな池があり、左側に正面入口、右側が子ども室の入口でした。

初めて子ども室に入った時、まず目に入ったのが『館長さんありがとう』と書かれた幾つかの色紙でした。子ども室の壁面のやや高いところに、同じような文面のものがじゃまにならないように何枚か掲げられていました。

そしてもう一枚。

「図書館へ行く道を聞いているあの人は、きっといい人にちがいない」

それはちょっと強い存在感で書かれていました。きっと館長さんの好きな言葉に違いない、と思いました。

子どもたちから「ありがとう」の言葉をいっぱいもらっている館長さんとは、どんな人なのだろうか。あとで聞いたところによると、数年前に五十二歳の現役で亡くなったとのことでした。何年たっても子どもたちに慕われている館長さんなのでした。

のちに、江東区の「図書館報」でたまたまその館長さんの追悼記事を読むことができました。とても人徳のあった人らしく、「君は、文化を、図書館を、そして美を愛した、奥ゆかしい人であった」という追悼文が載っていました。

文化と図書館と美を愛した人が、十年間も館長として在籍していた、愛情のこもった図書館が、私の新しい職場になったのでした。

そして、私はここで図書館の「いろは」を学び、実践的な仕事を学んでいくのでした。

仕事の基本を実践的に学びながら働く

図書館はまず本が財産です。本を選ぶことが大きな仕事です。本が好き、読書が好きであることは図書館員の前提条件でしょう。図書館員を目指す人が公務員試験を受けて、幸いにも合格し、図書館を希望して、うまくいけば図書館に配属される、というのがこの頃の図書館員になる道筋でした。でも区立図書館で働く多くの職員は、定期的な人事異動で配属される一般事務職の人たちです。そこに、図書館が好きで、図書館でずっと働きたいと考える人が一部在籍する、というのが当時の状況でした。

しかし、資格があるかどうかに関わらず、図書館で働く人たちはそれなりに本が好きな人たちでした。周囲にあるのは本ばかりですし、誰でも何らかの趣味を持ちそれに関する本などは読んだりするでしょうから。

この図書館では本についての知識、情報を得るために新聞などの書評を分担して読むことが、選書の方法として取り入れられていました。

書評会議があり、それぞれ分担した新聞の書評記事を、自分の言葉で紹介し合いました。茶々を入れたり、突っ込みがあったりと、私には仕事とは思えない、とても楽しい時間でした。

選書が済んだら本の注文をします。当時は、二枚複写の発注書に書名、出版社、金額などを一冊ずつ記入する手作業の時代です。一枚は本屋さんに、一枚は図書館の控えとなります。

本が納品されると、図書館の蔵書として受け入れ、貸出をするためのいろいろな準備をします。図書館の本はすべて、日本全国共通の「日本十進分類法」によって「0」から「9」に分類されます。「0」は総記。総記とはどこにも入らないもの、と私は理解していました。「1」は哲学、「2」は歴史、「9」は文学などと。

本には分類番号のラベルを貼ります。そして本の戸籍となる「基本カード」を作ります。そこには、その本の基本情報が記入されます。分類番号、書名、その読み方、著者、その読み方、出版社、出版年など。そして、本を探す時のための「書名カード」や、貸出の時の「ブックカード」用など必要枚数を複写します。当時はガリ版刷りでした。冷房も無い時代のこと、夏季には手刷りしたカードが飛ばないように、どんなに暑くても扇風機を回すこともままならない時代でした。「氷柱を要求しよう」などという話で盛り上ったこともありました。

「書名カード」はあいうえお順に配列され、利用者が本を探すための手段になります。

最後に、本にはビニールコーティングをして、書架に出します。よく読まれる本は何百人もの人に借り出されるので、ビニールコーティングの補強は壊れや汚れを防ぐためにも必要だったのです。下町の小さな図書館では、本は豪壮な書棚に鎮座しますものではなく、多くの人に触られ、読まれて、人々の心に浸透していくものでした。

貸出カウンターは、本を借りるための登録、貸出、返却、本の相談など、利用者と関わるところです。自分が選び、購入した本が次々と借りられていくのに立ち会えるのはとてもエキサイティングなものです。利用者の本の好みもだんだんと見えてきます。それは選書の時におおいに参考になります。

この頃は、一日の貸出冊数が多い時で四〇〇冊から五〇〇冊くらい。まだコンピューターが導入されておらず、貸出手続きも手作業の時代でしたが、借りていく人と借りられる本をワクワクしながら見ていられる余裕がありました。本が好きな人はみんな素敵に見えたものです。借りる人も貸す側の人も、ゆったりと本に付き合えた時代だったと言えます。

やがて土曜日や日曜日など、貸出量が一日一〇〇〇冊を越えるほどになると「貸出に忙殺されて顔を上げる暇もない」状態にもなりました。

このあと、コンピューターを導入するにはまだ数年待たなければなりませんでした。

職員は若くエネルギーがあふれていた

この図書館では二十代の若い人を中心に仕事が回っていました。司書資格を持ち、張り切ってがんばっている人。たまたま図書館に配属されてきたのだけれど、「図書館の仕事って楽しい」と新しいおもちゃに出会ったように生き生きする人。そんなにがんばらないけれど本についてやたらくわしい人。適当につきあっている人など。職場の雰囲気は、若いやる気のある職員のエネルギーでリードされていました。

書評会議では、そんなみんなの個性が自由に伸びやかに発揮されていました。

私が配属される前に、亡くなった館長とそれに続く四十、五十代のベテランの職員が幾人かいたそうですが、その能力と資質を買われ、日野図書館を先頭に、当時の躍進する多摩地域の図書館に望まれて、栄転して行ったということでした。

残されたのは若い人ばかりでしたが、優秀な先輩たちの置き土産のようなしっかりした仕事の流れが整えられており、職員たちものびのびとした解放感に満ち、和気あいあいと仕事に取り組んでいました。頭の固い行政マンの館長がやってきても、逆に職員の結束が強まることにもなって痛快でもありました。

有能なベテランたちがいた当時、夕方五時を過ぎる頃になると、お豆腐やさんがやって来ていたそうです。お酒のおつまみが配達されたようでした。酒好きの人も多かったらしく、きっと仕事のあとでお酒を酌み交わしながら、図書館の未来について熱く語りあっていたことでしょう。

図書館は夜八時まで開館していましたが、夜間のカウンターは男性のアルバイトで対応していました。アルバイト職員もみんな若く、職員とも友だちのように和やかに接していました。職員が一人事務室に待機し、予約本の連絡などおもに電話対応の仕事にあたりました。図書館の場所が住宅地からも離れ、隣は高校のグランドとさびしいところだったので、当初、女性は夜間の仕事は外されていましたが、やがて女性も夜間当番をすることになりました。

また、夜になると蚊も飛んできて、利用者自ら蚊取り線香持参という光景も見られました。新しく魅力的な本が増えれば利用者も増え、貸出冊数も増えます。子どもたちも、きれいな楽しい絵本や読みものがたくさんあれば、列をなして図書館へやってきます。子ども室の貸出カウンターの前には、本を借りる子どもたちの列がくねくねと並び、手作業なので時間がかかります。やってもやっても追いつかない。女性の同僚が「蛇みたい！」と悲鳴をあげたりと、そんな状況でした。

「予約制度」は図書館員の研究の賜物

この頃、「本の予約」制度を取り入れました。貸出が多ければ当然、所蔵はしていても誰かが借りてしまえば書架にはありません。そこで「予約」してもらって、求める本が返却されたら、予約した人に連絡をして貸出をする、というシステムです。今では当たり前のこととして機能し、図書館システムの要のようなものですが、このシステムが定着していったのも七〇年代のことでした。

当時の図書館には、東京の図書館職員同士の公務としての実務研究会のようなものがあり、積極的に実務の研究、改善に取り組んでいました。また、図書館職員が個人で加盟する自由な研究団体が全国組織としてあり、熱心な職員はその会員として、図書館実務改善の全国の先進例を積極的に学び、取り入れていました。「予約」制度もそういう熱心な図書館員たちの研究の賜物だったと言えます。

「図書館に行っても本がない」という状況から、求める本が確実に手に入るようになり、さらに新しい本も増えれば利用者も「図書館は当てになる」と信頼するようになります。さらに予約をしようと、期待と要求もますます高まります。

利用が増えれば本を買う予算は、もっと必要になり（予算増額要求）、それにより忙しくなればもっと職員がほしいと思う（人員要求）ことになります。

これまで、文化行政のアクセサリー程度にしか見られなかったのではないかと思われる図書館が、なにかと予算や人員を要求するうるさい図書館になってきたことに、行政サイドもとまどっていたのでしょう。図書館の要求に対して「あなたたちがかってに仕事を増やしたんでしょう」と言ったという逸話も聞きました。

確かに、図書館の仕事の魅力にとりつかれたように、熱心な職員たちが一丸になって「どうしたらお客さん（利用者）がもっと来てくれるだろうか。どうすれば貸出がもっと増えるだろうか」と創意工夫を凝らし、「図書費もある程度増え、魅力的な本が増えれば、住民もそれに気づき、足しげく通ってくれるだろう」と忙しいことに張り合いを感じるようになっていました。

そんなプラスの相乗効果によって、図書館はだんだんと住民の中に浸透していったのだと思います。

日本全国で図書館発展のうねり

下町の小さな図書館の職員が、希望を持って元気に仕事ができた背景には、一九七〇年代の日本の図書館の発展の大きなうねりがありました。その延長線上に下町の小さな図書館もあったのだと思います。

一九六〇年代、欧米より百年も遅れていると言われていた日本の図書館の「新しい図書館像」を確立するため、当時の図書館のリーダーたちは徹底した調査、研究を行ないました。

そして、一九六五年、日野図書館が「図書館の本質的な機能は資料の提供である」という理念のもと建物がない「移動図書館」だけの図書館として出発しました。

全国的にも「親子読書運動」「母と子の二十分間読書」など「本」と「図書館」を求める運動が、様々な住民運動のうねりと連動するように沸きおこっていました。東京都でも美濃部革新都政のもと、画期的な政策と予算の裏付け、日野を中心とする多摩地域の図書館の躍進に連動するように、二十三区の図書館も大きく変わっていきました。

これら一連の背景には「図書館を人々の中へ」という先人たちの熱い想いがあってのことだと、のちにいくつかの本で知りました。

戦前の図書館が戦争へ突き進む日本国家の、国民を戦争への道へ誘うような「思想善導」の道具としての役割を負わされたことへの大いなる反省として、戦後の新しい図書館は出発しました。しかし、民主主義が未成熟な時代、行政の古い体質のもと、新しい図書館像はなかなか描けず、しばらく暗闇が続いたのでした。

そんな五〇年代から六〇年代の図書館界のリーダーたちの模索と実践の過程は『中小都市における公共図書館の運営』（日本図書館協会・一九六三年）や『市民の図書館』（日本図書館協会・一九七〇年）などにまとめられ、私たち後輩はそれらをバイブルのように読みました。

その後、一九七九年に出版された『図書館の発見——市民の新しい権利』（石井敦・前川恒雄著、日本放送出版協会）を手に取った時には、「まさに、図書館は新たに発見されたのだ！」

と先輩たちの苦闘の歴史に思いを馳せ、感動して読んだことを覚えています。

かってNHKで「プロジェクトX」という番組が放映されていましたが、まさしく当時の先輩たちの苦闘は、図書館の「プロジェクトX」そのもののように思えました。

私たちの世代が幸せだったことは、これら伝説上の先輩たちの生身に少しでも触れられた（私の場合、司書講習で前川恒雄先生の講義を一度だけ聞けたこと）ことかもしれません。

学生時代、私は「ユネスコ」に関わるサークルに所属していました。ユネスコ憲章の前文にある「戦争は人の心の中で生まれるものであるから、人の心の中に平和のとりでを築かなければならない」という趣旨のもと、全国の大学のサークルがそれぞれ独自の、平和のための実践に取り組んでいました。

図書館の仕事をしながら、先輩たちの本を読みながら「私の図書館の仕事って、学生時代のサークル活動の延長にあるのかもしれない」と思ったこともありました。

図書館による無償で自由な資料提供によって、誰もが自ら考える人間になること、それによって、学生時代によく口にした「民主主義」というものが育まれていくのではないかと。

その後、このレンガの図書館は行政上の理由で立ち退きを余儀なくされ、七階建てのビルの中に移転することになりました。移転先は地下鉄の駅の真上ということもあって、ビルの五階とはいえ利便性は増し、利用も大幅に増えました。

仕事量も増え、職員も増え、新しい図書館でのてんてこ舞いの状況は一年間だけの経験で、また私は区内の歴史と伝統のあるもう一つの図書館へ異動することになりました。図書館員としての基本を楽しく学ぶことのできた六年間でした。

モダンな西洋建築の図書館に漂う空気

一九八〇年、歴史のある深川図書館が私の職場になりました。昭和初期に建てられたモダンな西洋建築の三階建。モダンといっても館内は暗く、石造りの重厚なひんやり感と、陰気な雰囲気がありました。

二階と三階の奥には三層になった閉架書庫。一階の奥には団体貸出用の書庫（後に自動車文庫用の書庫に）。さらに地下室があり、廃棄予定の新聞や本が梱包されて積み上げられていました。地下室には独特な、かび臭い、すえたような空気が漂っていて、湿った紙類とインクの混じったような匂いがかすかにあり、正直なところ、内心「嫌いではないな」と思ってしまいました。好きというにははばかれるけれど、古いものにひかれる気持ちがあったのかも知れません。

郷土資料室もありましたが、貴重な資料も含めて保存、管理が中心のようで、時々訪れる利用者にその都度、鍵を開けて対応していました。

自動車文庫も運行していました。

自動車文庫とは、建物としての図書館が無い地域に数千冊の本を積んで、月に一回程度、巡回貸出を行う自動車図書館です。当時の江東区は、約三十五キロ平方㍍の広さにたいして二つの図書館しかありませんでした。また、七〇年代は区内の工場が多く転出していき、その跡地に大規模な公団住宅が次々と建設され、人口も増えていました。小さなグループに、まとめて本を貸出する「団体貸出」から発展した自動車文庫はとても人気がありました。

職員数も多く、運転手さんや用務員さんもいました。

さらに、歩いて十分ほどのところに児童サービスのための子ども図書館を分館として統括していました。

総勢二十数名で、庶務担当、成人担当（一般図書担当）、児童担当（児童図書担当）、自動車文庫担当に分かれていました。

課長級の図書館長が一人。私の前の職場でもある「レンガの図書館」とあわせて二つの図書館の館長です。深川図書館では館長の下の次長という職名の人が、二十数名の職員を統括していました。庶務担当は二つの図書館の庶務もまとめていました。

様々な年齢層にいくつもの担当、自動車文庫も初めての仕事でした。同じ区立図書館とはいえ、前の職場とは相当に雰囲気が違っていました。

図書館から図書館へは、初めての人事異動

私はここで成人担当となりました。メンバーは女性五人。うち三人が司書または司書補の資格を持っていました。ちなみに当時は、司書は短大や大学卒業の資格が必要で、司書補は高校卒業の資格で取得でき、その後何年間か図書館現場で経験を積み、再度、講習を受けることで司書資格を取得できるという制度だったと思います。

私を含めた三人は「図書館一筋」で、その後数十年を図書館員として働きました。あとの二人の女性は四，五年で区役所の他の部署に異動していきました。

この五人で、自動車文庫分も含めた一般図書の選書と発注作業。ラベルを貼ったり、ビニールコーティングの装備もこなしました。また、コーティングを専門に担当するアルバイトの「おばさん」がいました。

そして交代で、成人の貸出カウンターと児童の貸出カウンター、月二回くらいの自動車文庫の乗車がローテーションで回ってきます。

広報活動として、区立図書館の「図書館報」作成も成人担当の仕事になっていて、私が配

属された時には、有資格者の一人が「図書館報」作成にほぼ独力で取り組んでいました。もう一人の有資格者は郷土資料に関することを主に担当していました。ちょっと年上の郷土資料担当者が、全体のまとめ役のようでした。一緒に仕事をしていてだんだんとそんな分担が見えてきました。

私の仕事は選書や発注のまとめのような位置付けになりました。「レンガの図書館」から来た経験者ということで、たぶん、私に細かなアドバイスは必要ないと思われたのか、「あなたのやり方でどうぞ」と仕事を割り振られた感じでした。

区内の職員同士としてお互いに顔も見知っていたけれど、新人でもなく、経験者でもあるので受け入れた側としても、どのように接していいのか、多少のとまどいがあったかもしれません。

実のところ、図書館から図書館への人事異動は私が初めてのようでした。古い時代のことはわかりませんが——。その後、図書館が増えていくにつれ、新しい図書館でも図書館経験者が若干名は必要だと判断され、図書館から図書館への異動があたりまえになりました。

そんな人事異動の背景も今でこそ推測のしようもありますが、当時の私には目の前の現実を理解することはむずかしかったのです。

そんなこんなで、私としては何ともあやふやな、人がいるのにいないような、仕事のかたちがあるような無いような、とらえどころのない落ちつかない心地でした。周りの様子を見ながら、自分の仕事の居場所を自分で見つけて、自分のやり方を小出しにしてみて、職員の中に黙って入っていった、という感じでした。

そんな成人担当のグループは一つの「島」でした。さらに、「庶務の島」「児童の島」「自動車文庫の島」があり、全体が見えてくるのははるか先のことに思えました。当面は自分の周りの人と少しずつ知り合っていかなければなりません。

手探りで、あたりの様子を見ながら仕事をこなす

とりあえずは自分の担当の仕事、まずは本の選書です。

これがまた最初は気持ちの奮い起こしが必要でした。「すいません。選書をします」と声をかけてみるのですが、どうも、みんなで選書をする体制ではない、ということがわかってきました。もちろん、書評会議などありません。

児童担当は担当者だけでかなりきっちりとした選書をやっているようでした。

あと、声をかけるのは自動車文庫担当の人。成人担当で手が空いている人は、一人か二人関わってくれました。選書は気の進まない仕事のようでした。

当時は「見計らい」という方法で、日本図書館協会が取次会社から収集した新刊図書を、リスト付きで毎週図書館に持ち込んでいました。リストの一部が見本図書として送られてくるので、新刊本の現物を見ることができました。児童書は児童担当者が選ぶので、成人担当は自動車文庫分を含めた一般書を選びます。リストを見ないで現物だけから選ぶことも可能なので、それぞれ見本の図書からこれはと思ったものを抜き取ります。

自動車文庫用の本は、料理や家事などの実用書に小説やエッセイなどを中心に選んでいました。選書が済むと二枚複写の発注書で、自動車文庫分もまとめて注文を出します。発注書を書く作業もみんなで、とはなかなかいきませんでした。

それでもなんとか、本を選び、注文して、本が納品されたら装備をしたり、書名カードなどを準備して書架に出す、という仕事の流れが自分なりに見えてきて、その合間にカウンターに出たり、自動車文庫に乗車する日々を過ごしていました。

自動車文庫に乗車する時には、自動車文庫担当、成人、児童から一人ずつ、そして運転手さん、用務員さん。利用の多いステーションでは庶務担当からも乗り込むこともありました。

そんな日々を重ねるなかで、それぞれの「島」の人たちと少しずつ知り合っていきました。

自動車図書館が花形だったころのお話

ここで自動車図書館のことを紹介します。

江東区の自動車図書館は一九七〇年から運行されました。特別に改造された自動車に約三〇〇〇冊もの本を積んで、区内十三箇所のステーションを回っていました。

それまでは「団体貸出」という形で、近くに図書館がない人たちのために図書館から本を運んでいました。しかし、専用の配本車もなく、その都度、配本用の車を借り上げ、箱詰めの本を手で運搬する方法で行っていました。

また、個人ではなく団体への貸出なので、その取りまとめを住民の中から世話係りとして依頼する必要がありました。他の区ではすでに運行していた、「個人として本を借りることができる自動車図書館」がようやく認められたのでした。

図書館への需要が急速に伸び、発展している時代でした。これまで、「団体貸出」や「夏季文庫」などの実施で芽吹いていた読書への要求の高まりは、自動車文庫の一か月に一回、一時間の開設、という制約がありながらも「個人貸出」という自由な利用が喜ばれとても歓迎されました。「団体貸出」の方法は、誰が何を借りたかをまとめ役が把握しなければならないので、「読書のプライバシーを守る」ことに懸念もあったからです。

一つのステーションで最盛期の一九七三年には一〇〇〇冊もの貸出があったそうです。手作業の貸出（本の裏のポケットにあるブックカードを抜いて利用者の貸出券にはみこむ。それを一時間に一〇〇〇冊分処理することに！）だったので、その手技は「神がかり」だったという「伝説」さえ伝えられていました。

私が配属された時にはすでにピークが過ぎていました。それでも一ステーションで三〇〇冊から五〇〇冊くらいの貸出量がありました。

当時、二十三区に新しい図書館が次々と建設されました。それは図書館職員の側からの、図書館需要のデータを根拠にした建設要求もあってのことでした。財政事情、住民の要求、図書館内部からの強い要求が一つになって、江東区でも八〇年代になると新しい図書館が建設され始めました。身近に図書館ができれば、利用者も当然のように自動車文庫から離れていきました。利用量も一九八三年をピークに減少していきました。発足から二十三年後の一九九三年、ついに自動車図書館はその役目を終えることになりました。

同僚からの思わぬアッパーカットに涙が…

全体の仕事も見えてくると、「図書館報」の作成も分担させてもらえるようになりました。

課長級館長のいる中心館ということもあって、図書館の広報活動の一環として年に四回、「江東区立図書館報」を発行していました。一九五〇年第一号発行の歴史ある「図書館報」です。現在、第一号から二〇〇五年までの五十五年分の「図書館報」が合本製本されて、江東区内各図書館に所蔵されているので、誰もが利用することができます。

内容はおもにその時々のトピックスをテーマにしたいろいろな本の紹介、年度の図書館の利用状況をまとめた年一回の「図書館白書」、そして一年に一回、二つの図書館で開催される、作家などを招いた講演会などの記録を掲載するというものでした。

講演会の開催にあたっては、講師の作家の人選、開催の準備、開催当日、その後の講演会記録の作成など、一年に一度の大イベントにふさわしい興奮するような楽しい仕事でした。講演記録のテープ起こしなども初めての体験で、日常の図書館の仕事では得られない発見やおもしろさがありました。

そんなある日のこと。成人担当の我が「島」の若い女性職員から、思わぬ方向からのアッパーカットを喰らいました。

月に一度、各「島」のメンバー全員が集まって事務連絡のような会議を開いていました。その席で、我が「島」の女性が言ったのです。

「日曜日に子どもを連れてくるのをやめてほしいんですけど」

当時、私は離婚したばかりで、図書館勤務の条件である土曜日、日曜日出勤について、子どもを預ける対応がきちんととれていなくて、時々、保育園児の下の娘を連れてきて、事務室の隣の児童室に「おとなしくいるように」と言いつけていました。しかし幼児のこと、一人でいるのが飽きてしまって、事務室に入って来ることがありました。それも、幼児ながら母親のところへは、ほんとは行ってはいけない気持ちがあるので、事務机に隠れるようにかがんで来るのです。そんな時は一緒に児童室に行って、しばらく一緒にいたりもしました。

若い女性職員には、それが職場としてはあるまじき行為として許せなかったのでしょう。私は何も言えず、思わず下を向いてしまいました。ひたすらうつむいて、そのうち涙があふれてきました。涙がとまりませんでした。その日の午後、カウンター当番の仕事があったのですが、泣きはらした目でそのまま家に帰ってしまいました。

帰宅してすぐ布団を敷いて、夕方まで布団をかぶって泣き続けました。離婚後の張りつめた気持ち、ようやく慣れてきたかと思った新しい職場のことなど、いろいろなことの緊張が一挙に溶かされるように泣きました。

そして、翌日からは何もなかったように、今まで通りの仕事の日々になりました。

「甘えてはいけないのだ」

それが私の結論でした。

ほかの職員はどう思っていたのでしょうか。多かれ少なかれ、みんな同じように見ていたと思います。でも、福祉事務所から異動してきた自動車図書館担当の男性職員が「事務所でもいろいろあったけどさあ、いろいろあんじゃないの」と言った言葉は、少しの救いに思えました。

「レンガの図書館」での、若い職員たちが男とか女とか、未婚とか既婚の区別もなく、有資格者の女性による主導で、和気あいあいとした関係が、あたり前のようにどこにでもあると思い込んでいた自分の愚かさを、初めて知ることとなったのでした。

新宿時代は上司や同僚に恵まれ、「レンガの図書館」では友だち感覚だった職場。それがあたり前でなど決してないことを、ようやく知ることになったのです。

自分の甘ったれさが身にしみました。甘えられる状況かどうか見極めもつかずに――。図書館を出て、土曜日、日曜日が休日になる普通の職場に異動しようかとも考えました。でも、どこで仕事しても悩むだろうから、どうせ悩むなら好きな仕事をしながら悩んだほうがいいと、屁理屈のような結論も出しました。今思うとちょっと筋が違うかなとも思いますが、きっと、私は図書館を離れるなんてことが考えられなかったのだと思います。

周りに甘えなくて、自分の希望だけを通したら、そのしわ寄せは結局子どもにいってしまうのだと、その時は考えられませんでした。

それでも、保育園つながりで友だちのお母さんで預ってくれる人を探したりして、一年と少しを何とか切り抜けました。この頃の日曜出勤は月二回くらいだったのでどうにか乗り切れたというところです。

子どもの本との出会い、新しい発見

「レンガの図書館」では「おはなし会」も全員で取り組んでいました。児童担当者以外、心得や技術がある訳ではありませんでしたが、いろいろな職員の、おじさん、おばさん、お兄さんが参加して、それぞれに味わいがあってなかなかいい雰囲気でした。

深川図書館の児童担当者は選書、発注、装備、カウンター、自動車図書館の乗車の業務をこなしながら、子どもたちに絵本などの読み聞かせをする「おはなし会」や、絵本や子どもの読み物の研究も熱心に行っていました。

「江東子どもの本研究会」という図書館員、児童館職員、文庫のお母さんたちとの勉強会があり、「おはなし会」もそれなりの経験を積み、技量を得た児童担当者の領域であったようで、成人担当の私たちが関わることはありませんでした。児童担当者は結束が強く、児童書の研究も熱心で、とてもプライドが高いように私には思えました。

成人担当は「おはなし会」には関わらなかったのですが、児童室のカウンターには交代で当番にあたりました。この時間が私は好きでした。午後の早い時間は児童室にやって来る子どもも少なく、カウンターでは手の空くことがあります。

現在はカウンターが一か所という図書館がほとんどですが、当時は一般成人、児童と部屋が分かれていて、開館しているときは必ず職員がカウンターに座ります。

一日何千冊などの貸出量もないので、手すきのときもあります。貸出や返却の合間をぬって、当日該当分の督促ハガキを書いたり、修理本の山の処理（簡単な修理）をすませると、それぞれ自分の担当の仕事を持ってきたりしていました。新しい本にビニールコーティングする作業を持ち込んでいる人もいました。私は担当である図書費の計算をよくやったりしていましたが、特別な急ぎの仕事のない時は、お気に入りの「絵本タイム」の時間でした。

子どもたちによく読まれるものはなじみのある絵本ですが、なかなか子どもたちが手にしない素敵な絵本もいっぱいあります。いつも本棚に窮屈そうに並べられたままの、そんな絵本をひと山抱えてきてカウンターに置きます。そして合間をみては広げて読みました。児童担当者には、読んでおくべき「基本図書」が何千冊もあるということでした。担当者ではなくとも、目を通しておきたい、なによりも世界中の評価されたたくさんの絵本を見てみたい、と思っていました。目の前にそんな宝の山があるのに、手に取らないなど、私にとっては有り得ないことでした。

この時代、新しく魅力的な絵本がどんどんと出版されていました。老舗の岩波書店の「こどもの本」や、新しく知った福音館書店の絵本などまさに宝庫でした。私が子どもの頃には目にすることなど決してなかった絵本の数々です。

マンガチックな厚紙のカバーの「ディズニー絵本」や「トッパン絵本」などではなく、一流の画家が全力を注いで描かれた「絵本」は、大人の読者をも充分魅了するものでした。大人になってから、こんな素晴らしい絵本に出会えるなんてと、我が子のためでだけでなく、自分のためにも次々と買い求めました。仕事とは直接関わりがなくても、母親としてだけでなく、一読者として新しい絵本に夢中になりました。当時の図書館員にはそんな人が多かったように思います。

初めて図書館で働き始めた時、自分のために購入した最初の絵本が『しろいうさぎとくろいうさぎ』（ガース・ウイリアムズ著、福音館書店）でした。帰りの地下鉄の中で、人の眼を充分に意識しながらこの絵本を広げたことを今でも熱く思いだします。図書館の発展とともに、絵本の出版も大きく飛躍した時代だったようです
児童文学もまた、私には新しい出会いでした。図書館の仕事につくまでは「児童文学」というジャンルがあるということさえ知りませんでした。

児童文学の主人公は小学校高学年からティーンエイジくらいの子どもたちです。大人の入口にいる彼らは、友だち、学校、家族、社会を客観的に見始めます。そんな時に抱える様々な心の内、「児童文学」はそこにフォーカスしているのだと思いました。年齢は重ねても充分に大人になれない私にとって、心の葛藤がストレートに描写されている「ものがたりの世界」は、決して子どもだけのものとは思えませんでした。

大所帯で全体が見えない図書館にあっては、自分に与えられた役割を一つひとつこなしていくだけでした。二十数人の職場で、毎年四、五人が異動して行くので、成人担当のメンバーも毎年少しずつ変わっていきました。三年目、四年目になれば、仕事のやり方も新しい人たちとその都度、工夫や改善ができるようにもなりました。

仕事のことよりも人間関係のあれこれが、職場全体の話題の中心になりがちな日々のなかで、自分が図書館員であることを、図書館で接する本によってかろうじて支えられていたように思います。

ここでの仕事も六年目になった時、区内にあった都立図書館が区に移管されることになりました。東京都立の図書館が江東区立図書館になるのです。移管に関わる仕事を、事務職の係長と図書館経験者が一人、担当することになり、その仕事が打診されました。下の娘も十一歳になっていたので、残業することも可能なので、新しい仕事に挑戦してみようと思いました。

都立から区立へ——図書館移管現場にて

東京都が江東区南砂に都立図書館を造ったのは一九七六年六月でした。五〇〇〇㎡もある四階建ての大きなレンガ壁の図書館でした。コンクリート打ちっぱなしの仕様で、上野の文化会館に外観が似ていました。何でもゴミ問題で江東区に迷惑をかけているので、その代償で造られたと聞いています。

東京都にはしっかりとした司書職制度があったので、都立江東図書館は専門職の司書集団で運営されている図書館でした。

ところが一九八六年、江東区に移管されることになりました。建物と本はそのままで職員だけがそっくり入れ替わるのです。飲食店の経営交代の際に言われる「居抜き」というものでしょうか。

一九八六年七月、事務職の係長と二人で仕事の引継ぎをするために、都立江東図書館勤務となりました。係長は都から区への財産の引継ぎに関わる実務的な交渉に当たり、私は運営部門の引継ぎを担当することになりました。

約三か月間、都立の人たちとそれぞれの仕事を一緒にやり、もろもろの備品や資料の在りかを確認したり、各担当のマニュアルを検討しました。そして区立としてどうこなしていけるのか、現場を見ては係長と議論です。係長は事務職なので、運営のあり方などについては図書館員としての私の判断に任せるというスタンスに立ってくれました。

最大の懸念は、都立から区立になるための休館は一週間、七日間しかないことでした。九月二十四日から三十日までは都立として休館し、十月一日には区立として開館するのです。利用者は都立図書館で借りた本を、二週間後、区立図書館に返却することになるのです。九月にはさらに十数人が配属されていました。

ベテラン司書ばかりの専門職集団でやっていた仕事を、数人の図書館経験者と、区役所からの異動の職員、四月に新規採用された職員たちとで一週間で引き継がねばなりません。都立の専門職集団の人たちから見れば、こんなメンバーで自分たちの仕事を、それも短期間にちゃんと引き継いでくれるのだろうかと、さぞ不安であっただろうと思うのですが、やるしかありません。

資料についての問い合わせや相談を受けるレファレンス・サービスでは明らかにサービスダウンです。どこの棚にどんな本があるのか、新米職員よりも常連利用者のほうがよく知っているという状況から出発するのですから――。でもやむを得ません。

もう一つの課題は貸出方式をどうするか、ということでした。

当時の区立図書館では「ブラウン方式」を採っていました。イギリスのブラウンさんという人が考案した方式でこの名がついたというものです。一度に四冊借りられるとすると、四枚の貸出券を発行します。貸出の時は本のポケットにあるブックカードを抜き出し、ポケット状の貸出券に挟み込み、それを返却期限日ごとにブックカードの分類番号順に配列します。本が返却されれば、返却日の中の分類番号から探して、ブックカードを本に戻し、貸出券は利用者に返します。本が返されたらその人が借りた記録が残らない、というところが最大の利点です。図書館の歴史において、犯罪捜査で図書館の利用履歴が利用された、という事件は度々ありました。図書館利用者の読書の秘密、プライバシーをいかに守るのかが、図書館の先輩たちの大きな課題でもあったということもあり、この方式は画期的だったと言えます。

都立図書館の貸出方式を変更して、より効率的であることに加えて区立の職員が「なじんでいる」貸出方式を採ることに決めました。一週間の休み明けで貸出カウンターが混雑した時、慣れた方式であれば何とかこなせるだろうと判断した訳です。

しかしそのためには、都立江東図書館の利用者の貸出券を変更しなければなりません。その時の貸出記録約三〇〇〇人分の貸出券、一人四枚、約一万二〇〇〇枚を事前に作成する事務量が発生しました。人海戦術作戦でみんなで手分けして作成しました。係長は自宅に持ち帰ってひたすら貸出券作りをがんばってくれました。とりあえず区立図書館としてオープンした当初のカウンターの混乱状況が収まれば、あとは地道にそれぞれの新しい仕事に取り組むだけです。

選書、発注などの新しいシステム、業者の変更、成人担当、児童担当に、区としては全く新しいサービスであった障害者サービス、ヤングアダルトサービスの担当など、経験者（区内三つの図書館から希望も含めて異動してきた人）、新人それぞれが試行錯誤しながら対応しました。職員数五十人規模を想定して設けられたというだだっ広い事務室を十数人で走りまわる日々でした。

無事に都と区の財産引渡しの行政事務を終えた時には、思わず涙した係長でした。

図書館経験者、区役所から異動で来た人、新規採用の若い職員の十数人で、移管引継ぎ事務を一緒に関わった館長（係長）の号令のもと、「区立江東号」は船出しました。館長以下の序列がないので、経験者はそれぞれ元の図書館でのやり方を多かれ少なかれ主張することになり、意見調整がむずかしい面もありました。でも、みんなそれぞれの内に自分なりの「図書館像」までもはいかなくても、「図書館の仕事の仕方」があった訳で、それぞれの意見のぶつかり合いの過程で「図書館とはなにか」を考えるきっかけにもなっていったのだと思います。

こういう仕事のあり方をめぐる議論の過程をおもしろく感じる人もいれば、そうでない人もいます。そういう民主的？　なやり方がいやだという人もいました。たしかに、区役所の仕事の仕方は「形式」として確立されたものがほとんどでしょうから、一つひとつをどうするこうするなんて面倒くさくてやってられない、という気持ちにもなるのでしょう。そう思う人は有資格者であったとしても、いつか図書館を出てしまうことも当然ありました。

専門職集団から「不揃い職員集団」へ

区立の図書館は一般事務職で運営されており、そのなかに二割前後の司書有資格者がいるのが当時の図書館職員の実情でした。有資格者のうち、図書館が好きで十年以上在籍している人もいれば、資格は持っていても特に図書館を希望するわけではなく、四、五年で異動する人もいます。ずっと図書館で働き続けたいというコアな有資格者は、各館に一人いればいい方でした。十年から二十年以上も在籍している「図書館の古い人」と呼ばれる有資格者と、四、五年で入れ替わる事務職の人たち、という職員構成が何十年も続いていたのです。

それに対して、都立図書館の職員は、司書という専門職の採用試験に合格して図書館司書となった「専門職集団」です。そういう人たちが運営してきた図書館の仕事を、「不揃い」の区立の一般職の職員で請け負うということになってしまったのです。かなりのプレッシャーがあったはずですが、実際のところ、そんなプレッシャーがどうのこうのと言っている余裕はまったくありませんでした。

とりあえず、区立としての看板を掲げた日から、最低限、本の貸出、返却が滞りなくできる必要があります。本の問い合わせやレファレンス（調べ物）の対応は、これまでの区立図書館での経験をもとにやるしかありません。でも、どういう本がどこにあるのか、これまではほぼ頭に入っていたことを、その都度場所を確認しながら、書名カードをくりながら（まだ機械化されていなかったので、書名カードがとりあえずの手掛かりでした）、利用者と一緒に探す崖っぷちの対応で乗り切る状況でした。

貸出方式を変更したのも、今にして思うと冷や汗ものです。都立の人たちはどんな思いで見ていたことでしょう。貸出やレファレンスなど、住民と直接に対応できる仕事は、やはり都立の人たちにとっては魅力的だったのでしょう。都立図書館は区立図書館の後方支援のような役割がメインで直接、都民と接する窓口は限られていたようですから。

都立江東図書館は、都立の職員にとっては第一線の図書館サービスに関われる絶好の現場として存在していた訳です後に、都立の一部の人たちの思いを、人づてに聞いたことがありましたが、東京都民と直に接することのできる第一線の図書館現場を去ることはとても残念だったようです。区立の職員として江東区に残ることを考えた人もいたようですが、一般事務職でしか認められない状況ではむずかしい判断です。様々な思いがあったのでしょうが、人事制度の壁は大きく、都と区、それぞれの思惑を秘めながら移管は進められました。

また、都立の人たちの仕事のやり方は当然のことながら、私たちと違うなと随所で感じました。最も大きな違いは都立の人たちは「組織の仕事」というより「個人プレーの仕事」のような印象を受けました。

一般成人担当、児童担当、障害者サービス担当、ヤングアダルトサービス担当などそれぞれの担当者が「その道」を極め、追求している感じでした。当然のことながら質もレベルも高いものだったと思います。

図書館職員で居続けるということ

江東区では一九八二年の亀戸図書館を皮切りに、数年おきに新しい図書館が建設されるという、図書館の量的発展期を迎えており、その度に一挙に十人ほどの職員が増えていきました。新設の図書館の準備室では、当然のことながら一、二割は新規採用の若い職員が配属され、ベテラン職員のリードのもと、体育会系ののりで、組織が一丸となって、短期決戦で開館準備に邁進していました。「区立江東号」もまたそんな状況での出発でした。

図書館運営が軌道に乗り、日常業務に慣れてくる頃から、図書館としての職員集団が、どのように形成されてゆくのかが課題になっていきます。しかし残念ながら専門職制度のない区立図書館では、「仕事に慣れた頃には異動」というサイクルのため、「職員集団」を確立する課題は、絵に描いた餅にしかなりません。

新しい年度が始まると、新しい顔ぶれで仕事の分担を決めます。児童担当は若い職員に当てられることが多々ありました。子ども相手は苦手、児童サービスに欠かせない「おはなし会」は苦手、という人もいるので、子ども好き、絵本好きの職員が一人でも現れたらホッとしたものです。また、図書館に配属されてから、絵本や児童文学の魅力にはまる人も少なからずいました。児童担当は、絵本や児童文学が好きに加え、やはり「子どもとつきあう」という資質が求められると思いました。

しかし、子どもが好き、本が好きといっても、土曜日、日曜日の出勤、夜八時までの残業も定期的にある、変則な勤務体制になじむのはむずかしいようで、まして結婚という現実に向き合うと、図書館職場に定着するにはきびしいものがありました。図書館司書としてずっと居続けるためには、よく言われる「人が好き」「本が好き」以上の何かが必要なのでしょう。

一般成人担当は対象が大人なので、普通に人と関わることができれば対応できるでしょう。本に関するこだわりがあると熱心に取り組みますが、熱心すぎて組織のバランスが崩れることもよくありました。組織運営のむずかしさは図書館に限らずどんなところにもあるのでしょうけれど——。

逆に人事異動があることで救われることもありました。人事の刷新とはこういうことかと思ったものです。良くも悪くも清算してくれます。現役時代、図書館の古い人たちは、職員が次々と入れ替わる状況を嘆き、「これじゃ、賽の河原よね」とまるで自分たちが被害者であるかのように愚痴っていたものです。

もちろん私自身も——。

でも、本当に私たち「図書館の古い人」は被害者だったのだろうか。

専門職制度のない区立の図書館で、司書として働き続けられた私たちは、自分の愛する図書館を目指して仕事をしていたとは思いますが、どんなに有能であっても仕事は一人ではできません。見方によれば、四、五年で異動していった彼ら、彼女らは、私たち司書と言われる「図書館の古い人」の仕事の「夢」を支えてくれた人たちではないか、と今はそんな気さえしてくるのです。

アンパンマン論争？

江東図書館の周辺は都営住宅や民間マンションも多く、深川地区と比べると人口密度がはるかに高い地域でした。

一階の貸出カウンター、二階の相談カウンター、児童室のカウンターを館長も含め職員全員がローテーションで座ります。三つもカウンターがあるなんて！　と職員の配置に悩みましたが、これも五十人規模の図書館構想の置き土産のようなものでした。

一階の離れのような位置にある児童室はゆったりとした広さでしたが、午後ともなると幼児組を中心とした子どもたちでいっぱいになります。四角い畳二畳ほどの大きなソファではトランポリンが始まり、子どもたちと一緒にやって来るお母さんたちのおしゃべりもにぎやかです。

ことに、「おはなし会」のある水曜日の午後の児童室のカウンターはまさに喧騒そのもののような状態になりました。こんな時のカウンター当番は、現役の母親である私でも顔が引きつることもありました。「おはなし会」は通常一回の開催でしたが、ここでは子どもたちがいっぱいやって来るので、幼児組と小学生組の二回開催しました。それでも一回の開催に二十人くらいそろいます。小学生組は学校で「授業」を体験しているので、少しくらい退屈しても「聞いて」くれます。

でも幼児組ではそうはいきません。よちよち歩きの赤ちゃんから、とにかく歩き回る幼児まで。そんな幼児たちを絵本一冊に集中させるには、子どもが好きであるうえに、それなりの技術も必要だと痛感しました。

「おはなし会」もできるだけ全員で関わりたいと思っていましたが、この図書館の状況では、子どもの苦手な年配の男性職員などはむずかしいものがありました。

また、数年前に新しい図書館が二館も増えて、その度に新規採用の職員が図書館に配属されるようになりました。新しい若い職員のなかには「舞台度胸」のある人も珍しくありません。古い人間である私には、そんな彼女たちがいわゆる「新人類」のように思えました。カラオケの影響だろうかと思ったりしましたが、そんな彼ら、彼女らは、声も良く通って「おはなし会」を切り盛りしてくれました。

この時、児童担当だった男性の職員は、大人でも子ども心いっぱいの人でした。そして、子どもが喜びそうなものをいろいろ買ってくるのです。もちろん自費で。

今も小さな子どもたちのアイドルである「アンパンマン」が、八十年代後半のこの時、すでに子どもたちの間では大人気でした。テレビアニメになり始めた頃だったでしょうか。

その職員は自分で買ってきた「アンパンマン」のハンカチを、児童室のカウンターの後ろの壁に広げて飾っていました。忘れもしないカウンター当番でのこと、いつものように午後になると、ちらほら、がやがや子どもたちがやって来ます。本を返すべくカウンターまで来て、カウンターに本を置くと、なに気なく壁に目をやります。するとどうでしょう。その子の顔がパアーと輝く笑顔になるのです。

そんなに「アンパンマン」が好きなんだ。子どもごころがわからない私にはその楽しさがわかりませんでしたが——。

ところが当時の図書館の児童担当者の間では、「アンパンマン」は図書館として購入すべき絵本としてあまり評価されていなかったようでした。この絵本を蔵書として受け入れている館は少なく、江東図書館はその少ない館の一つでした。しかし、子どもたちに人気があるので読みたい、という「予約」が来ます。蔵書として評価せず購入していない図書館にも当然「予約」がいっぱい来ます。その場合、購入した館の本が予約を受けた館に回っていきます。「自分の館の予約なんだから自分の館で買えばいいじゃないの」と、提供する側としては当然、愚痴もでます。

児童図書館員の勉強会である「江東子どもの本研究会」では「選ばれた良い本」を子どもに提供するべき、という考えが主流のようでした。とは言ってもそれは方向性であって、そうすべきだという拘束力があったわけではなかったと思います。

子どもの本の評価については「優れた良い本、本物を」という考え方と「子どもが楽しいと思えるものなら」という大まかな二つの流れがあり、日常の選書はその間で揺れていたように思います。大人にとって、子どもに読んでほしい「良い本」と、子どもがひかれる大人にとっては何だかわからない「楽しい本」とのギャップは、いつの時代にもあると思います。

一般書の場合は予算とキャパシティの関係で一定の選書を図書館で行います。しかし、「予約制度」や自治体を越えての「相互貸借」など、区民の要求には原則、なんでも応えようとする考え方が、一定の共通理解としてありました。また、高度な専門書などは国会図書館などがバックアップしてくれます。しかし、マンガをどうするかとか、エロチックな本の予約がいっぱい来てしまったら、など悩みはつきません。

「アンパンマン」が誕生して四十年以上になるそうです。現在の図書館の児童室でも「アンパンマン」は主役の一人なのでしょうか。

歴史ある深川図書館の改築

一九九三年四月、深川図書館の改築に伴って、江東図書館からまた深川図書館へ異動になりました。「出戻り」だとからかわれました。

図書館の改築は、新しい図書館を開館させるよりも大変だと思いました。もっともまったくの新館準備の仕事に携わったことは、残念ながらありませんでしたが。

二十年近いキャリアのある図書館員は何人かいたのですが、この数年、新しい図書館がいくつも建設されており、いわゆるベテラン職員はそれぞれ新しい図書館の開館準備に関わっていたのでした。そこで、江東図書館での異動年限がきていた私が、めぐり合わせで舞い戻り、改築に関わることになったのだと思います。

明治四十二年、東京市立図書館として出発した深川図書館は、大正十二年の関東大震災で焼失してしまいました。そして、昭和三年に現在の地で鉄筋三階建ての図書館として再出発しました。そして、約六十年あまり、戦時中の空襲で一部損傷の被害にあいながらも、戦前、戦中、戦後を生き抜いてきました。そして平成の年度になって、六十余年を経て老朽化した図書館の改築が検討されました。

改築にあたっては、昭和初期の貴重な建築物として保存すべきという声もあがり、新聞でも取りあげられたりしましたが、老朽化、耐震性、バリアフリーなどの諸問題もあり、全面改築に至りました。新しい図書館は、昭和の趣を残し、新しい機能を付加して生まれ変わることになったのです。

四月に赴任した時、同時進行のいくつものやるべきことが待ち受けていました。それも通常開館をしながらです。新しい図書館のレイアウトの詰め（実施設計もほとんど決まっていましたが）、蔵書約二十万冊の引越し、深川図書館で所蔵している「戦前図書」（一九四五年以前に発行された図書館の蔵書）の目録五〇〇部の処理と「戦前図書」そのものの書庫での配列変えなどです。

さらに、改築にあたっての約二年間、全くの休館にするのか、どこかに仮図書館を作って運営するのか、ということが二転、三転していました。どうにか仮設での開館が決まり、図書館から徒歩五分ほどの児童公園の片隅での仮営業が決まりました。ということで、仮設図書館の準備もしなければなりません。

すぐに取り掛かった仕事は、「戦前図書」の目録（七〇〇ページの大分なもの）を全国の主要な図書館に送付すること。送付先のリストアップと添付文書を作成して業者に委託。これでひと山終了、スペースができました。さらに、大変だったのは約二万冊の「戦前図書」のうち一万冊ほどが、製本業者によって美しく製本されてダンボールに山積みになっているものの処理でした。

深川図書館所蔵の「戦前図書」とは

深川図書館には約二万冊の「戦前図書」がありました。一九四五年の終戦以前に所蔵されていた深川図書館の蔵書です。その「戦前図書」の目録を作る作業を、私の前任者がほぼ終えていました。できあがった目録五〇〇部の山が残されていました。それを図書館の解体前に全国に発送する作業が、四月に異動になった私の手始めの仕事でした。

しかし、もっとやっかいな仕事がありました。

現在、日本の図書館が所蔵する本はおおよそ「日本十進分類法」新訂8版に基いて分類されていると思いますが、戦前の本は旧分類法による分類で、現在の分類と全く異なっていました。そして、本そのものも、図書館の閉架書庫の奥深く、ホコリにまみれてほぼ死蔵されているような状況にありました。

「ホコリにまみれて」というのはまったくそのとおりで、古い建物でしたので気密性が悪く、窓枠は風雨にさらされ、本は砂混じりのホコリまみれだったのです。その、ほぼ死蔵状態だった戦前図書二万冊を蘇らせる事業が前任者の手によって、おそらく何年かの計画で行われたのでしょう。ホコリまみれの本のほぼ六、七割くらいを製本して、コンピュータで検索できるようにデータ入力もされていました。

そして、二万冊の本それぞれに、新しい分類法に従って新たな分類を付与し、ラベルを作って貼る作業をしたのでした。もちろん、そのためのアルバイトを雇っての作業だったでしょうが、ここまでの前任者の苦労がしのばれました。

しかし、それにしてもこんな大変な作業までして、前任者はどうして新しい図書館ができるまで関わらなかったのかと、私にはとてももったいない気がしました。苦労だけして、いちばん美味しいところを味わうことなく去ってしまったのですから——。

たぶん、前任者は勤務年数がもう七、八年にもなっていて、これから改築に関わっていたら十年以上になってしまう、もう異動すべきだと思ったのではないか、と想像しました。

ベテランの図書館員たちは多かれ少なかれ、「私がいなければ」と思い勝ちですが、私の前任者はそういう気負いを恥ずかしく思う人だったのではないかと、これまた勝手に想像してしまいました。

さて、それを受け継いだ私の前には、製本されて分類番号のラベルを張り終えた本が、ダンボールに詰め込まれ、山のようにどーんとありました。しかも分類番号順に並んでいないのです。

ダンボールを開けて、本のラベルを見ながら、分類番号に従って0、1、2、3と大きく山を作ります。分類番号の基本は四桁で、「日本経済史」なら332・1という分類になります。（また、この分野の本も多かった！）。3（社会科学）の山を作り、次ぎは33（経済）の山、さらに332（経済史）の山、ようやく332・1で日本経済史となります。小さなラベルの数字を見ながらの作業でした。そして、ある程度並べた本を、製本に出さなかった本の棚に、また番号順に並べていくのです。

古い建物の書庫の中の、古い蛍光灯の照明は暗く、先輩の女性職員が目をしょぼしょぼさせながら慣れない仕事に悪戦苦闘していました。お互いに目を見合わせてため息をついてしまいました。

図書館に来て、こんなことをするとは思ってもいなかったことでしょう。

図書館の、それも古い図書館の仕事というのは、おおかた、古い本をあっちへやったり、こっちに持って来たりの繰り返しのようなものでした。

解体前の書庫で、砂とホコリだらけの棚の上や下から、宝物のような資料を見つけ出すこともありました。昭和三十年代の江東区の住宅地図などは後に貴重な郷土資料となりました。また、廃棄処分寸前の朽ちかけたダンボール箱のいくつかには、戦前の図書館の事務資料が詰まっていて、図書館の昔を知る博物資料でもありました。

児童公園の片隅にプレハブの図書館

仮設図書館はプレハブの二階建。一、二階あわせても二〇〇㎡に満たないスペースでした。改築中も自動車図書館は運行するので、自動車図書館用の本も含めて約一万冊の本を選ばなければなりません。開架スペースにあった約五万冊のなかから、小説や実用書など読まれそうな本を、一般書、児童書あわせて約一万冊を抜き出す作業です。児童書はもちろん児童担当が選びます。

選んだ本に付箋を貼って、それを何人かでダンボールに積み込みます。あとは引越し業者にお願いしました。

郷土資料室の資料約九〇〇〇冊は江東図書館の会議室で、公開しながら保管してもらうことになりました。

さらに、約二万冊の「戦前図書」は江東図書館の集密書庫へ提供可能な方法で運び込みました。これはダンボールに梱包、江東図書館への搬送、集密書庫への配架まですべて業者委託でした。それ以外の約十四万冊はダンボール箱に詰めたまま、江東図書館の空き部屋に約二年間保管してもらうことになりました。五〇〇〇㎡もある江東図書館がおおいに役立ちました。

仮設図書館以外の引越し作業は係長を中心に男性職員と運送業者の共同作業でした。九月三十日には深川図書館が閉館し、二週間後には仮設図書館で開館をする、突貫工事のような作業でした。

小さな児童公園の片隅の小さな仮設図書館は、一階が児童コーナーも含めた開架コーナーとカウンター。二階は自動車図書館用の書庫と事務室。おもな仕事は新しい図書館の準備と、自動車図書館の運行と小さな図書館の運営でした。

ここで一年と九か月を過ごしました。

「図書館はどこにあるんですか?」と電話がかかってきて、場所を説明すると、「プレハブの建物しかないんですけど」、「それが図書館なんです」という会話が何回もありました。「飯場」のようだとも言われました。

私の仕事は郷土資料担当になったので、江東図書館で委託営業している資料の担当になりました。私の前任者が「戦前資料」と郷土資料を担当していたので、そのまま後任として引き継ぐことになったのです。「図書館の古い人」の役目なのでした。

定められた目標のために、限られた時間をともに過ごす(戦う)ということは、時間が限られているので一致団結せざるを得ません。そういう体験は得がたいと、振り返りながら思いました。長い図書館生活のなかでも忘れがたい印象深い日々でした。

生まれ変わった深川図書館

閉館から二年後の一九九三年十月、新しい三代目の深川図書館がオープンしました。外観は昭和初年の図書館のイメージを残したクラシックな三階建てです。

二年前の閉館時に、中央館機能が江東図書館に移ったこと、仮設図書館終了と同時に自動車図書館もその役目を終えたので、新生深川図書館は少しシンプルになりました。でも「戦前図書」の二万冊と郷土資料室、さらに白河子ども図書館も抱える体制は変わりません。

開館を待ちかねていた区民の方が次々に来館して両極端の反応を示しました。

「とてもきれいになりましたね」と言う人。

「前の建物の方が落ち着いていてよかった」と言う人。

そして、新しい図書館になって信じられないくらい利用者が増えました。オープン初日は貸出冊数が三六〇〇冊を越えました。その後は少し落ち着きますが、土曜、日曜になると二〇〇〇冊から三〇〇〇冊の状況がしばらく続きました。

コンピュータ化されて八年、江東区内全館オンラインになって一年、コンピュータが無くてはとうていこなしえない大量の本の動きです。

誰が何を借りて、どの本が正しく返却されたかということは機械が迅速にやってくれます。でも返却された本を書架のあるべき場所に、分類番号に従って正しく戻す作業というのは人の手によるしかありません。三〇〇〇冊の貸出があればほぼ同数の返却本があることになります。一日に三〇〇〇冊を書架に戻すという仕事が日々あるわけです。

本を借りる時は、利用者が自分で選んでカウンターまで持って来ますが、返却された本は職員の手に拠るしかありません。左腕に十冊くらいの本をほぼ分類番号順に積み上げて、書架の間をめぐりながら一冊ずつしかるべき場所に右手で配架していきます。

本来こういう作業によって、図書館員は自分の図書館の蔵書構成や、一冊一冊の本の在りか、本の肌ざわりなどをまさに身体で覚えていくのです。と同時にどんな本が利用されているのかを日々頭に叩き込み、図書館の要である本の選書の際にこの体験、感覚が活かされます。選んで、購入して、利用される、この一連の流れを見つめることから、「選書」という機能が生きてくると実感できます。

深川図書館のように歴史の長い図書館では、書庫があったり、郷土資料や戦前図書があったりとなると、通常の書架とは別に保管されている本も多く、自分の図書館の本が、どこにどれだけあるのか、全容をつかめないまま人事異動で通り過ぎていく職員がいても不思議ではありません。

「前の図書館のほうが落ち着いてよかった」の声も

一階に貸出返却のカウンターがあり、二階は相談カウンターです。ここでは「トイレはどこですか」などという施設案内に類する問い合わせと、「ガイドブックはどこですか」とか「病気についての本は?」などの書架の案内から、「江戸時代の物価を調べたい」などの調査・相談業務などがあります。

本来なら相談カウンターに常に座っていることが基本なのでしょうが、深川図書館では、大量の返却された本を二階の真ん中にある「今日、返却された本です」の棚に一時置くことになっていました。「今日、返却された本」というのは、いわゆるよく利用される本でもあり、利用者はそこから新たに借りていく本を選んだりします。

相談カウンターの担当者は同時に「今日、返却された本です」の本を書架に戻すことも仕事のうちでした。土曜日、日曜日の返却本が多い時は「相談カウンター」の仕事よりも返却本の仕事に集中せざるを得ません。やってもやっても減らない本の山に顔が引きつることもありました。

また、忙しい時ほど、当然様々な問い合わせも多いのです。でも、職員があまりにも忙しそうにしていると、利用者の方でも職員に声をかけづらいのだろうと、雰囲気で感じていてもどうしようもないこともありました。

こういう時は、事務室に応援を頼むということで乗り切ったものです。

貸出量の増大によるカウンターでの喧騒は、古い図書館での牧歌的な貸出、閲覧風景を奪い去ってしまったと私には思えましたが、利用が増えて貸出量が増えることもまたうれしいことです。三〇〇〇冊を越えると、「すごいね」とプリントアウトされた日計表をみんなで見入ってしまいます。「図書館はこんなに住民に支持されているんですよ」と、当局に自慢もできます。

でも、貸出手続きをするために行列をせざるを得ない利用者のイライラは、時にはトラブルにもなります。たまたまの職員の対応の悪さが起こすトラブルもあります。カウンターの前で、親が読ませたい本と、子どもが読みたい本をめぐって親子げんかが始まることもありました。

これまで見たこともないような貸出カウンターでの光景は、ビデオの貸出が始まってからのことではないかとも思ったりしました。びっくりするような貸出量の増大は、ビデオに釣られてやってきたのではないか——。まさに、利用者の層の「様変わり」という感じでした。新館オープン直後、「前の図書館のほうが落ち着いていていてよかった。もう来ない」とまで言われてしまったきついひと言には、複雑な思いが残りました。

百年という歴史の重みと、郷土資料や戦前の貴重な本も所蔵する図書館のこれまでの利用者層には耐えられない〝喧騒〟だったのかもしれません。でもどちらもお客様、利用者、区民です。

こういう状況を、活気があっておもしろい、図書館が生きている！　とワクワクした思いで受け止める職員もいます。違和感を持つ自分は古い図書館員なのだろうと、騒々しさのなかで呆然としながら思ったりしました。

そんな時、二十数年も前の「レンガの図書館」時代の風景が懐かしく思い起こされました。それは七十年代の終わり頃の児童室の風景でした。

午後の早い時間、まだ小学生たちがやって来ない時間。おばあちゃんらしき人が二人の女の子と一緒にやってきました。おばあちゃんは児童室の真ん中の閲覧机の低い椅子に座りました。二人の女の子はそれぞれにお目当ての書架に行って本選びに夢中です。そんな二人をおばあちゃんはゆったりと目で追っています。

二人の少女とおばあちゃんと、そしてカウンターの私。おだやかな児童室の午後の時間でした。

これは「古き良き時代」へのノスタルジーでしかありませんが——。

図書館に長くいれば、見えてくることもある

新しい図書館も一、二年も過ぎると、土曜、日曜の混雑は相変わらずでしたが、職員も少しずつ慣れてきて少し落ち着きも取り戻してきました。

改築時に前任者から受け継いだ仕事、郷土資料室、戦前図書などおもに古い資料の管理が私の担当になりました。そして、約十年間を深川図書館で勤務することになりました。

五、六、七年間は一つの図書館で働ける許容範囲かな、と思えましたが、さすがにそれ以上となると、毎年三月の人事異動の時期になると落ち着きませんでした。なぜ十年も在籍してしまったのか。それがなぜ許されたのか。こういう自問が自分の中に生じること自体、長く居続ける自分にどこか微妙な不安定感を感じながらの仕事だったのかもしれません。

一九八〇年代から九〇年代、新しい図書館が次々と誕生しました。

図書館を作るには、やはり図書館経験者が必要だろうと判断されたのか、新館準備には区役所から配属された係長と、図書館経験の長い人（一、二人）で準備に携わるというスタイルができていました。それにより、「図書館経験の長い人」の需要がそれなりにあった訳です。

そんな人事構成のなかで、私の場合は江東図書館の移管業務や、深川図書館の改築という仕事に携わることになりました。特に希望した訳ではなくたまたまのめぐり会わせでした。

図書館の仕事ができればそれでよいと思っていましたから。

　戦前図書も郷土資料も閉架書庫の古い本も、どれもが充分に取り組むに値する魅力のある奥深い資料の山です。本好きな人にはたまらない、宝の山です。携わっているうちに思い入れも生じますし、五年や六年で卒業できるほど簡単ではありません。五、六年でやっと奥深さが見えてくるという感じです。途中で「この仕事がしたい！」という人が現れれば交代ということもあったかもしれませんが、たまたま十年という月日になってしまいました。

　古い本や貴重本に携わる仕事は、身の震えるような緊張感も伴いますし、様々な問い合わせに対する責任感もあります。図書館への「問い合わせ」「レファレンス」に対しては「わかりません」とは言わない、ということは司書としての最低限の自負であり、気負いでもあります。それが司書の仕事だと学びました。それは裏を返せば「やりがい」なのです。仕事が「やりがい」をくれるのです。ということで、私は人事異動の時期には図書館に残りたいと「残留」を希望しました。

　一つの仕事を長く続けると、今度はそれを掘り下げたくなります。新しい資料を購入して利用者に提供するだけでなく、手作りの新刊リストを作成したり、資料についての情報を『郷土資料室だより』という新聞などで紹介したり、また所蔵している貴重な資料（浮世絵や江戸期、明治、大正の資料）を展示するなど、様々な取り組みもやってみました。それにより、より資料や仕事への理解も深まるのでした。

また、新図書館では「ヤングアダルト」コーナーも設置されていたので、おばさんの身でありながら若い職員とペアで、ヤング向けの本の紹介やリスト作り、イラスト大会など、これらの仕事もまさに試行錯誤の手探りの状況でしたが、やはり図書館から何らかの働きかけをしたいと手掛けていました。

ヤングアダルトへのサービスとは何だろうか、と考えながらの仕事でした。ヤングの場合は特に、彼らの居場所を作ってあげたいと思いました。ヤングという世代の特性からか彼らは常に〝群れる〟傾向があります。でも、〝個〟でありたいとも思っている。そんな〝個〟でありたいと思っている時にこそ、図書館の〝個〟になれる場所と本が必要なのではないかと、ヤングアダルト小説も好きな私は考えていました。でも多分に一方的な思いではあったかも知れませんが——。

でも、つまるところ図書館の仕事は、手を替え品を替え、いかに区民へ本を届けるかということに尽きると思うのでした。

たしかに言えることは、一部の古い人、司書だけが図書館の仕事を担っていた訳では決してなく、四、五年で異動して行ったたくさんの職員たちとの協働作業であったことは確かです。今でも、彼らとの仕事の日々を楽しく、懐かしく思い起こします。

そして定年を迎えるまで、区民へ本を手渡すという仕事を、創意工夫を凝らしながら、古い人を見送り、新しい人を受け入れながら、やり続けていくのだろうと当然のように思っていたのでした。

定年間近に突然、図書館から福祉課への異動！

ところが、定年まで四年を残した五十六才の時に、区役所の福祉課へ異動となりました。もちろん不本意です。

図書館のことしか知らない、定年間近のおばさんが、区役所で何ができるの？　とは誰もが思ったことでしょう。まさに「青天の霹靂」、頭が真っ白になりました。

一九八六年、東京足立区の図書館の民間委託を皮切りに、東京二十三区で「図書館の民間委託」の動きが出てきて、図書館をめぐる情勢もいろいろ複雑になってきました。そして江東区の図書館も二〇〇二年から三年にかけて十一館すべての図書館の「窓口業務の民間委託」がなされました。貸出、返却、書架戻し、書架整頓、予約本の抜き出しなどの、かなり肉体労働的な業務が委託されました。

もちろん、図書館職員は労働組合として委託に反対して、区民に「委託反対」のビラを配ったり、行政当局と交渉したりしました。委託反対の根拠は私なりに、労働組合員としては自分たちの職場を守りたい、区民サービスとしては経験を積んだ正規職員によるより良いサービスを維持したいと考えていました。

でも、民営化の流れを止める力にはなり得ませんでした。貸出カウンターに出ることも、書架整頓をすることもなくなった職員は、委託会社の時間パートの職員の仕事を、詳細なマニュアルに沿ってきちんと遂行されているか、管理、監督することが仕事になっていきました。

職員も大幅に減らされ、「精鋭化？」された職員の仕事は選書、資料購入、レファレンス、おはなし会などが中心です。

それに連動したのかどうかわかりませんが、この数年、図書館での勤務年数が長い職員をどんどん区役所のほかの部署に異動させており、私の異動もその延長線上にあったのでしょう。深川図書館に十年もいた私の場合、「なんだ、こいつはこんなところに十年もいるのか！五、六年で動くのがあたり前だ！」と、当時の人事担当者が駒を動かしたのだろうと推測するしかありません。少なくとも、図書館には専門の職員が必要だという発想はなかったでしょう。正直なところ、心も未整理のまま新しい職場に赴きました。

福祉課では施設管理の仕事を与えられました。建物の維持管理のために、様々な業者と関わったり、電気代やガス代を払ったり、避難訓練をやったりと初めてのわからないことばかりでしたが、〝前例〟にならって、まわりの職員さんたちに教えを請い、私なりに必死で覚え、間違いもいっぱいしました。

それでも、少しずつ慣れてくると自分を振り返ることもできるようになりました。職場の同僚は全員男性で、図書館では出会うこともなかったようなタイプの人たちでした。いい意味での「上昇志向の行政マン」で、みんなそうだよ、と言われそうですが、長い図書館生活ではあまりお目にかからない人たちでした。

また、図書館時代は帰宅しても仕事のことを考えたり、そのための本を読んだり、準備をしたりということがあたりまえのようにありましたが、福祉課ではそんなこともなく過ぎて行きました。

その頃、こんなことがありました。

自宅近くのファミレスで一人で食事をしていた時、隣のテーブルの二人の女性の会話が聞こえてきました。

「こんど図書館で職員の募集があるのよ。受けてみようと思って。私、図書館の仕事にあこがれていたんだ」

私は耳がダンボになってしまいました。

私の住む街の図書館が職員募集のお知らせを新聞の折り込みチラシに掲載していました。

区から「業務委託」を請け負った会社の募集で、私も自宅で目にしていました。時給八五〇円のパートでした。ファミレスでの隣の席の女性は「図書館で働ける！」と憧れの職場を夢見ているのでした。たとえパートの仕事であろうとも。

私自身はその時、図書館の仕事を「奪われ」失意のなかにあった頃だったので複雑な思いで聞いていました。

やがて私の関心は自分の「定年後」に向かいました。

定年まであと四年。その後の生き方を考えようと気持ちを切り替えました。書くことも好きだったのでカルチャーセンターのエッセイ教室に通いました。図書館は変則勤務だったので、定期的に土曜日に予定を入れることはできなかったのですが、区役所は土、日曜日が休みなのでいろいろな催し物に参加することが容易になりました。

そしてついに定年。

再任用で働く人も多かったのですが、もう自分の人生は自分で判断し、自分で納得したことだけをしようと考えました。

すると退職間際に古巣の図書館から、かつての私の仕事を担当していた人が産休に入るので、その間アルバイトをしないかと誘われました。

再任用の方が条件はいいとも言われましたが、再任用後の配属先がどこになるのかわかりません。図書館で働ける可能性は多分なかったでしょう。

三十六年間の仕事人生を終えて、ようやく誰にも左右されることのない人生を歩み始めることになりました。時給八五〇円の図書館でのアルバイトは、私を育んでくれた図書館へのささやかな恩返しのように思えました。

アルバイトではあっても、四年ぶりに座る図書館のカウンターには感慨深いものがありました。こんな形で帰って来られるなんて思ってもみなかったから――。

アルバイトは半分職員のようで、半分利用者のような感じです。カウンターに立ちながら、私の気持ちは少しずつ、図書館員から図書館利用者に転換していき、これからは利用者として図書館と私との付き合いが始まるのだとしみじみ思いました。

図書館は生活に欠かせない、空気のように利用してこそ

東京の図書館の「いい時代」と言われた時代の図書館の風景が、良くも、悪くも、こんなであったのかと、思いをめぐらせていただければと思います。

「いい時代」の遺産として、東京には、身近に図書館がたくさんできました。住民に愛され、

利用される建物、自治体の作る〝箱物〟としては断トツに高活用されている施設でしょう。

「誰もが自由に気軽に利用できる図書館」を目指して、戦後を出発した先輩たちの努力のうえに、私たちの世代の図書館員たちも、登録分布図を作ってサービスの空白地帯を埋めるべく、新しい図書館の建設の必要性を行政サイドに訴えたり、貸出要件の緩和（新しく登録をするのに住民票の提出を必要としていたのを、住所の確認で可とするなど）や一度に借りられる冊数を増やすなど、様々な要求、改革を行ってきました。

その、戦後から続く図書館員の内部からのたゆまぬ改革のうえに、現在の図書館があると思います。

今は「民営化」の嵐にさらされていますが、今後、図書館が増えることはあっても減ることがあってはなりません。

住民のみなさんが気軽に通い、愛してくだされば――。生活に欠かせない空気のように利用してくだされば、よもや減らされるようなことはないでしょう。

図書館は現在、窓口業務の民間委託や指定管理者方式などが導入されており、そこで働く司書たちの労働条件の厳しさはマスコミでも報道されています。「非正規化」の波をもろに被っている職種のようです。

建物が増えるように、「図書館サービスの質」も自然に「向上」していくという保障は、残念ながらどこにもありません。

公共図書館はどうなっていくのでしょうか。

いち利用者になった自分に、図書館ファンとして何ができるのでしょうか。

何はともあれ、いつでも図書館はこんなところであってほしいと思い描いています。

＊いつでも、どこでも、誰をも受け入れてくれるところ

いくつかの外国で図書館を訪れました。偶然だったり、目的を持ってだったり。

そして館内を見学したり、座って蔵書をながめたり、閲覧席を利用して読書したり、課題をこなしたり、と自由に使わせてもらいました。どこでもウエルカム！ でした。図書館という〝場〟はいつでも、誰にでも開かれていました。

＊日本中の本が、最寄りの図書館の窓口を通じて手に入れられるところ

多くの利用者は、我が街の図書館が所蔵している本で大方の要求は満たされるでしょう。予約が多くて待たされる、なんてことはあるにしても。

でも、ちょっと古い本を探したり、調べものなどがある時は、その図書館の窓口から、他の自治体、県立図書館、国会図書館の資料も取り寄せられます。もちろん例外もありますが。

私は我が街の図書館と、時々、隣の区の図書館からも借りることがあります。予約が多くて、長期間待つことは当たり前のことです。待てない時、返したくないような本は購入します。図書館を出てから本を買うことが多くなりました。

＊時には窓口のお姉さん（おばさん？）と本の話をしたり、相談をしてみたい

若くて元気なうちは、パソコンなどを駆使して自分で調べたり、情報を得たりする方が面倒がなくていいでしょう。

でも機器は使えず、相談し合う友人たちも少なくなっていくと、図書館の窓口の人はかけがえのない本の相談相手に見えてくるでしょう。

私の友人は図書館を定年退職して、そのままその図書館で再任用として働いています。先日、こんなことを話してくれました。

窓口で、「介護の日々、なにか楽しくて元気の出る本はないか」と相談されました。彼女はいろいろ考えて、ほぼ思いつきで『砂漠の女デイリー』（ワリス・デイリー著　草思社　一九九九年）を紹介しました。かつて話題になり映画にもなった本です。アフリカのある村で、羊数頭とともに老いた男に嫁がされることになった少女が、裸足で逃げて、ロンドンにまでたどり着き、後に世界のトップモデルになったという、ワリス・デイリーの波乱の半生をま

とめたものです。（ちなみに今もよく読まれています）
たしかに私たちとは次元の異なった生き方です。これが「適書」であるかどうかはともかく、すかさずある一冊を紹介できる本の情報や記憶量が豊富であればこそ、とりあえずの一冊を紹介できる、そこからまた次ぎへの手掛かりにもなるのです。
せめてそんな職員が一人でも窓口にいてくれたらどんなにいいだろうかと思います。

この原稿を書いている途中で、「書いたら見せてね」と言われましたが、同じ時代を生きてきた人たちに見せたら、きっと、ああでもない、こうでもないと意見続出で、私はもう書くことを放棄してしまったことでしょう。

途中で誰かに聞いてみようか、相談してみようかと思ったこともたびたびありました。実際、聞いてもみました。でも、そんなことをしていたらいつまで経ってもまとまらないでしょう。それに、そんなことをしていたら「報告書」になってしまうでしょう。

その後はもう人に言うのもやめました。何も言わないからもう書くのをやめたのかと思われたかも知れません。

三十二年という長い図書館時代を私なりに振り返ってみました。ある一面の個人的な「思い出」です。肝心なことも含めて、忘れてしまったことなどいっぱいあります。記憶違いもいっぱいあると思います。

異見、異論、反論？　当然あるでしょう。是非、また別の視点で「東京の図書館」を再現していただきたいと思います。

また、思い出は多分に美化されやすいので、「私の思い出」もそれを免れることはむずかしいでしょう。ということで、これはあくまで一つの側面としてお読みいただければ幸いです。

図書館でともに働いた仲間たちへ、感謝をこめて。

かくて、また、私の図書館通いが続きます。

第二部　定年後の語学留学

海外旅行で訪ねた図書館の風景

オーストラリアへ、念願の語学留学

定年後には、あれをしたい、これもしてみたいなどと誰もが思うことでしょう。少しゆっくりしたいから、何もしないというのもありでしょう。ことに女性は家事、育児と並行しながらの仕事人生だったのだから――。

私の定年間際にまいた、定年後のための種の一つは英会話でした。

学生の身である娘が、オーストラリアのアデレードという都市に住んでいました。一週間ほど遊びに行ったことはあったのですが、せっかくだから娘の住む街で語学学校に入ってみようと決意しました。

学校を探すことから入学手続きなど、すべて娘にお任せというのんき気なチャレンジでした。まったく知らない土地で、自分一人で住まい探しから学校の選択まで、何から何まで自分でやるほどの度胸はありません。案外意気地なしの自分でした。

図書館でのアルバイトを終え、定年になった年の翌年の一月、四十日間の飛行機のチケットを取り（そういえばこれも娘まかせでした）ました。

アデレードへは直行便がないのでシドニーで乗り換えなければなりません。一人で行くのは二度目とはいえドキドキものでした。

シドニー空港は入国チェックも長蛇の列ですが、荷物チェックがことさら厳しいところでした。生物はもちろん、種系の物など申告をもとに中身検査がされます。あちこちでカバンを開けられるので、大きな荷物を抱えたままの旅行者の列もなかなか進みません。

ようやく荷物チェックを終えていざ国内線へ。乗り換えの表示を探すのにキョロキョロしながら、見つけた手がかりとなる単語が「ドメスティックトランスファー」でした。「ドメスティックバイオレンス」は「家庭内暴力」だから「国内乗り換え」でいいのかな、と連想ゲームのような想像力をめぐらしながらの心細さ。また、国内線への乗り換えはAからHくらいまである搭乗口まで広い空港内を歩き、そこからさらにバスで十分以上も乗ってようやく飛行機に乗ることができました。シドニーからアデレードまでは約一時間。シドニーに比べたらなんとシンプルなアデレードの空港。そこで娘の顔を見つけた時は心底ほっとしました。

アデレードでの住まいは大家さんに了解を得て娘のアパートに同居です。狭いアパートでベッドは一つしかなく、私用にマットレスを提供してくれました。

娘が手配してくれていた学校はイングリッシュ・カレッジ・オブ・アデレード（以下ECA）といいます。私はこの学校に、定年後の初めての年は四週間、翌年の一月は三週間、翌々年は二週間、通うことになりました。

最初の年は娘のアパートでの居候でしたが、その後の二回は「ホームステイ」も体験しました。

アデレードの語学学校に入学

還暦を過ぎてから、見知らぬ人ばかり、それも自分の子どもよりもはるかに若い人たちと、英会話を学ぶ、なんてちょっと引いてしまいそうですが、七十歳、八十歳でも一人で留学した人の話などを新聞や本で読むことがあります。だから気負わないで、先輩はいっぱいいるのだから、学生に戻ったつもりで教室に入ってみよう、と自分に言い聞かせました。

自分は年寄りだとか、いい年をして、などと思わないようにすること。正直なところ、そういう気持ちは意識の底には少なからずあったのですが、それを見ないことにする。気がつかないことにする。目の前にいる二十代、三十代の若者と同じような自分だと思う。そういうつもりになることが大切だと、自分を奮いたたせて、語学学校に向かいました。

ECAは、シティの真ん中のビルの四、五階にある小さな学校で、経営者は日本人だということでした。

初日の月曜日、受付前には十人くらいの新入生がいました。中国系、インド系、ヨーロッパ系も少しいます。一週間の期間から学生を受け入れており、私は四週間の学生です。手続きを済ませると、簡単な英語の試験をして、各自の英語力を測るようでした。それにもとづいてクラス分け。初級、中級、ビジネスの三クラスで、当然、私は初級のコースです。フルタイムとパートタイムのコースがあり、フルタイムは九時から午後三時。パートタイムは午後一時まで。私はパートタイム、四週間コースの学生となりました。

午前の授業は午後一時まで、私はこれで下校です。ほとんどの学生はフルタイムなので、二時から三時まで授業があります。でも、その時間は教科書を使わず、会話によるコミュニケーションのような時間でした。若い人たちはこの時間帯に親しくなっていくようでした。月に一度、午後の授業は課外授業、というか遠足がありました。動物園へいったり、グレネルグというビーチまで泳ぎに行ったりと、私にはうらやましい若者同士の交流がありました。いつも午後の授業を受けていない私には、人見知りもあってちょっとなじめませんでした。この時間帯に不在の私は、今一歩彼らのなかに溶け込めなかったのが何とも心残りです。

時々、オフィスのカウンターに中年の日本人女性が座っていました。昼休みの交代要員風で、その人が日本人経営者の妻のようでした。異国の土地に来て日本人と会うと、思わず同郷のよしみ、親愛の情、という感情に流されがちですが、その女性にとっては、日本人留学生はあくまで自分の学校の一留学生以外のなにものでもないようで、いたって冷静な対応でした。思わず笑いかけた笑顔が固まってしまった気がしました。ウエルカム！　の気配はこれっぽちも感じられなかったからです。

かつて、古い職場の同僚でどうしてもウマが合わないというか、なじめなかった人がいましたが、その人に何となく雰囲気が似ていることもあって、私もその女性を日本人だとかなんとか、あえて気にしないようにすることにしました。

その代わりというか、この学校のオーストラリア人の年配の女性校長は、満面の笑顔と親愛の情もあらわに、「ハーイ！　ハウアーユウー」と廊下でも階段でも声をかけてくるのです。オーストラリア人のほかの先生たちも、みんなとてもフレンドリー。これは国民性と思っていたけれど、このようにフランクに英語で話しかけることで、その反応、受け答えを生徒に英語で話させようという配慮があると、あとで気がつきました。

また、それは彼らの営業努力でもあるのかも知れません。いかに多くの学生を集め、つなぎ止めるかは、先生たちの力量にかかっていて、それによって英語教師の仕事も保障されるわけです。

そんな失礼なことを考えてしまうほどに、先生たちの親愛の情の表現は、日本人にとって少々照れくさいのです。

語学学校の仲間たち

私のクラスメイトは、韓国人五人、ポーランド人二人、台湾人二人、クエート人五，六人、日本人三人。それぞれの会話力はかなりバラバラでした。一般的に、日本人は英会話が不慣れだし、シャイなので、それなりの力量があっても言葉にならないことが多いし、声も小さい。でも、教科書とノートと電子辞書はきちんと用意し（そんなの当たり前でしょとはいかないのです）真面目にノートをきちんと取る。しかし、声を出しての会話となると、とてももどかしい。先生はいつも「Don't be shy!」（恥ずかしがらないで）と言いつつ、エネルギー棒を回すような仕草をする。もっとモーションをあげて！　と内心で叫んでいるようでした。

また、日本人は短期間の学生が多く二、三週間で去っていきます。ミニ体験派とでもいうのでしょうか、旅行がてらちょっと語学学校でも、と気軽な感じです。

私以外の二人の日本人にアデレードを選んだ理由を聞くと、どちらも知り合いがかってアデレードに来たことがあって、それで知ったと話していました。シドニーのような大都会よりも物価が安いし、暮らしやすいという情報だったようです。

韓国人は四人。ほかのクラスも韓国人は多いので、常にハングル語が飛び交って目立っていました。いつも隣の席になるエイミー（韓国人は英語名を使うということを始めて知りました）は二八歳。韓国の短大を卒業して、ステップアップを求めて英語を学びに来たとのこと。でも、その合間に誰彼となくつかまえて、日本語を聞いてはノートに書いていました。ちゃっかり、ここで日本語をものにしようとなかなかのしっかり者でした。

ほかの三人は、男子学生。韓国人同士は知り合いではないのでしょうが、ここでは同国人のよしみでなれ合い、じゃれあっていました。この頃は、日本人のおばさんとみればヨン様ファンと思うらしく、つたない英会話の糸口はそれででした。

学校の遠足で動物園に行った時、ほかの学校の韓国人たちと一緒になり、その時、バスで隣り合った女性が「祖母が日本にいるので日本語がわかる」と話しかけてきました。

彼女たちは韓国の英語の先生たちで、学校の冬休みを利用して語学研修にアデレードへ来ているということでした。「なんでこんな不便な地に？」と聞いたら、韓国の学校では英語教師のレベルアップに熱心で、語学留学を奨励しているそうです。そして、彼女はアデレードの語学学校に「割り当てられた」とのことでした。韓国の英語熱はまったく日本の比ではないようです。

日本でも小学校から英語教育を始めるということですが、いつか日本の英語の先生も夏休みなどを利用して、英語圏での語学研修に行くことになるのでしょうか。

ポーランド人は二人。三十代らしい。一人は妻も子もいるという話でしたが、背も高くイケメンで頼りになりそうな人でした。会話はかなり滑らかに思えました。もう一人は写真の仕事をしているとかで、背は高くもなく、普通の人。ある日、日本人のクラスメイトが彼と親密な関係になったらしく、私の机に来てうれしそうに彼の話をしてくれました。

クウエート人は五人か六人いました。私から見ると似たような大きな身体の人が何人もいるので、なかなか区別がつきません。それに欠席も多く、途中で来なくなった人もいたようです。ターバンを巻いている人が一人いました。

良くも悪くも彼らに降りまわされていたクラスでした。彼らはほとんどテキストを持っていません。薄っぺらなノートを一冊持っていればいいほうです。テキストがないので持っている生徒と相席するように先生が指示します。その日によっていろいろなクウエートの若者と机を並べることになりました。一人になると普通の若者です。が、緊張が抜けた頃から授業中に仲間うちで物を投げたり、ちょっかいを出したりと落ち着きがありません。優しい先生の時は彼らのしたい放題という感じです。

午前のクラスは午後一時までですが、十二時になると礼拝があるからと帰ってしまいます。いったい何人いたのかまったく覚えていないくらいです。彼らはクウエートのセキュリティ関係の会社で働いていて、会社から英会話の勉強のために送られてきているそうです。ポーランドのイケメン君が「いい会社だね」と言っていました。それでも彼らは勉強しなければとはあまり思っていないようで、クラスメイトにターバンの巻き方を教えたりと無邪気で楽しそうでした。

台湾からは高校生と母親。高校生は二月から（こちらの新学期）アデレードの高校に入るために英語の準備勉強のようでした。初めの一週間は母親も一緒に授業に参加。彼はここで高校を終え、アメリカの大学へ行く予定なのだそうです。

翌年、ＥＣＡに来た時、台湾から来た美女がいました。三十代でとてもおしゃれでした。いつも遅刻してくるのですが、容姿の美しさと、その悪びれなさに圧倒されて、何となく容認してしまうような雰囲気でした。

アデレードには一年制の実業専門学校があります。翻訳コースもありますが、料理やカフェのウエイトレスもここでプロとしての勉強をします。この地ではウエイター、ウエイトレスも専門の訓練を受けた人たちのようです。だから、どこのカフェでも彼らは白いシャツに黒のパンツスタイル、黒のエプロン姿でさっそうとキビキビしています。パリのカフェのギャルソンみたいです。

台湾の美女はこの学校で料理を習ってレストランを開く、という夢を持っていました。「恋人と暮らしている」と言っていたので、「台湾時代からの恋人？」と聞いたら、こちらで知り合ったオーストラリア人だとのこと。やっぱり美女はすぐ恋人ができるのだなと納得しました。

三回目の時はインド人がいっぱいでした。二週間しか在籍しなかったのであまり交流はできませんでしたがよい体験でした。

「えっ、インドの人って英語を話すんじゃなかったかしら?」とまず思いました。不思議に思い聞いてみたら彼らの言語はヒンズー語でした。でも、英語を日常会話とする層の人たちもいるので、耳学問の英語、日常会話としての英語にはある程度慣れているようです。彼らの会話は独特な巻き舌ですが流暢に聞こえます。授業で、ペアになって会話することがよくあるのですが、インドの人特有の「R」をいつも「ル」と発音するようなしゃべり方でペラペラ話します。こんなに話せるのなら学校に来ることもないのにと思うほどです。

クウエートの学生たちほどではないけれど、教科書を持っている学生は少なかったようです。二十才代か三十才代か年齢はわからないのですが、結婚していて子どももいる女性がいました。授業の時に必ず私の隣の席を取ろうとするので、何だろうと思っていたら、私の教科書が目当てでした。

私は午後一時で終わりなので帰ってしまいますが、ほとんどのフルタイムの学生は、キッチン(冷蔵庫、電子レンジ、トースター、食器)付きの学生ルームでランチを取ります。みんな節約をしているのかランチ持参の人が多いのです。サンドウイッチやスパゲッテイだったり、韓国っ子はなにやら韓国の料理だったり。ここでいろいろな国の学生とコミュニケーションしながらランチをするのは、会話の勉強にもなりとてもいいなと思いました。パートタイムであったばかりに一番楽しい有意義な時間を逃してしまったような気がしました。こういう時間がもっとも会話が身につくのではないかしら。無い知恵を絞って、想像力を働かせながら、懸命に話そうとするからです。

そういえば、英語の先生はよくイマジネーション、イマジネーションと言います。あれは、未熟な英語力をイマジネーションで補いなさい、ということなのかもしれません。

インターネットも自由に使えるのですが、中学生くらいの韓国の子どもたちがゲームをやっていることが多く、四台ほどのパソコンはいつも使用中でした。

オーストラリアの二月は真夏です。教室は冷房が効いているのですが、その効きかたが半端ではありません。日本人も韓国人も体質的に似ているのか、バスタオルやフリースを持ち込んでみんな冷気を防御していました。それなのに女の先生はノースリーブで、エネルギッシュに教えてくれます。エキサイトしているから寒くないのでしょうか。白人は体温が高いと聞いていましたが、本当だなと震えながら思ったものでした。

学校のあるアデレードという街

オーストラリアのアデレードという都市を知っている人は少ないようです。日本からの飛行機の直行便がないのでシドニーやブリスベンなどで乗り換えなければなりません。ケアンズやゴールドコーストは観光地として名前も知られていますが、残念ながらアデレードは日本からの観光地としての仲間入りはできていないようで、私自身、娘がこの地の大学に入るまではまったく知りませんでした。

初めて知ったアデレードはとても美しい街でした。

そんな南の国の「美しい街」で、単なる観光ではない「滞在型の旅」を体験する機会に恵まれました。観光旅行で多くの外国にでかけましたが、やはり、それは「通過する旅」でした。短期間ながらも現地の人のようにそこで生活するということは、はるかに見るもの、得るものが違っていました。

アデレードはオーストラリア大陸の南、地図でいうと一番南。海の向こうにはタスマニアがあり、その先はもう南極です。南オーストラリア州の州都になっており、人口約百十万人です。

ガイドブック（『地球の歩き方』ダイヤモンドブッグ社）では「碁盤の目のように整然と並ん

だ」町並み。「こじんまりとした英国風の町で、ほかのオーストラリアの州都より落ち着いた雰囲気がある」と紹介しています。

また「オーストラリアを旅している日本人にも実に評判のいい町で一番好きな町と答えるほど。一年を通じて過ごしやすい気候、広すぎないシテイ、ごちゃごちゃしているエリアがほとんどなくクリアな町、というのがアデレードの特徴」とあります。

この記述は私自身の印象とほぼ同じと言えます。

さらに「アデレード市民ひとり当たりのレストランの数がオーストラリアの都市の中でももっとも多いとされるグルメの町でもある。レストラン街は「食」をしっかり楽しむ人々でいつも賑わっている」とあります。

たしかにカフェ、レストランが多く、それもオープンカフェなので街の顔がカフェのようです。シテイとその周辺はもう住宅地になっており、銀行は目立ちますが会社とか工場のようなものはあまり目に入りません。この国の人はどんな仕事をして暮らしているのだろうと不思議な気もしました。

レストランが多いグルメの街である理由を「それはオーストラリアを代表するワインの産地、バロッサバレーが近いためである。バロッサバレーはドイツ移民が、ライン河沿いの風土に似ているとして、ぶどう作りを始めた」と説明しています。

バロッサバレーには、一度、日帰りの観光をしました。いつもシテイをうろうろしているだけだったので、ぶどう畑の広がる緑の丘陵地帯を目にしたときは、農業地帯も抱えるアデレードの広さをあらためて知ったのでした。

また、アデレードは砂漠の入口の街で、ここから北のダーウインまで「ザ・ガン号」という長い長い列車が走っています。途中にウルルという名のアボリジニの聖地（日本の映画「世界の中心で愛を叫ぶ」で話題になったエアーズロック）があります。列車で一昼夜とバスに乗り継いで行ってきました。

シドニーからパースまで、オーストラリアを横断する「インデイアン・パシフイック号」という、これもまた長い列車が走っています。途中のアデレードからパースまで二泊三日の旅も体験してきました。三食フルコース付きの優雅な列車の旅でした。まさに一生に一度の体験でしょう。どちらの列車の旅も窓外の風景は草木がちょろちょろ生えるだけの黄色い砂地ばかりでしたが。

最近、イギリス映画『英国王のスピーチ』でジェフリー・ラッシュが演じた吃音矯正の先生が、アデレード出身ということで、ＮＨＫＢＳのドキュメントが放映されました。また、宇宙から帰還した「はやぶさ」が着地したのもアデレードに近い砂漠でした。

語学学校はシテイの真ん中にあります。街の中心にはデパート、銀行、ホテル、病院、大学、図書館、美術館、博物館がすべて揃っていて、市民の台所であるマーケットも街の真ん中にあります。郊外に住む人も、バスや電車、車で十分から三十分くらいでシテイに出られます。シテイには、町を巡回する無料バスが走っており、シテイまで出てくれれば、あらゆる用事を交通費をかけずにほぼ済ますことができます。

初めて飛行機の窓からアデレードを見下ろした時、シテイを中心にフレアスカートを拡げたように放射状に赤い屋根の町並みが緑の中に広がっているのが印象的でした。

語学学校の授業が終わると、娘と待ち合わせして、町中にいくつもあるフードコートでランチをするのが日課でした。

体育館のような広いところに、周りにぐるりと屋台のようなお店が並んでいます。ハンバーガーから中華、ベトナム、インド、マレーシアなど各国の料理店が並び、ルーマニア料理までありました。オーストラリアは移民を積極的に受け入れてきたので様々な人種の人がいます。それぞれのお国柄の料理店が並ぶ由縁です。

昼時になると、ビジネスマンや各国の学生たちでいっぱいになります。お弁当を持ってきてここで食べている人もいます。中庭式のフードコートには雀もやってきます。

南オーストラリア州立図書館

ランチを終えてからは図書館で多くの時間を過ごしました。

南オーストラリア州立図書館は二階建ての建物で、一階はアデレード市立図書館。いわゆる区立図書館のようなもので、本を借りる人たちが出入りしていました。二階は州立図書館でした。日本の県立図書館のようのものでしょうか。私はもっぱら二階の州立図書館を利用しました。

入口にはブックデイテクションのようなチェックゲートがあり、その手前にはクロークがあります。大きい荷物や食べ物など持込禁止のものを預かるようになっています。制服の係員が元気に愛想よく応対しています。「フレンドリー」という言い方をよく使いますが、まさにそんな感じです。朗らかで、誇らしげでカッコ良く見えました。

また、入口の手前横の広いロビーには、ソファアとテーブルが点々と置いてあり、アジア系、インド系（とにかく多い）の若者たちが椅子に座ったり、じゅうたんに座り込んだりして、パソコンに向かったり、おしゃべりしています。電源は自由に使えるようになっています。

私もここで、時にはお菓子を食べたりもしました。時々、制服の警備員らしい人が足早に歩いて行きます。どうやら定期的に見回っているようでした。警備員というと、日本では年配の人がぶらぶら見回る印象がありますが、ここの警備員は若い男性（時には女の人も）で、それも長い足でさっそうと足早に通り過ぎて行くのです。最初は職員がたまたま通りかかったのかと思っていたら、定期的にやってくるので、巡回見回りとわかったのです。クロークの係員と同じ制服です。警備というと日本ではリタイア後の仕事という感じですが、ここではプロフェッショナルな仕事と見受けました。

セキュリティを抜けると左右に広い部屋が広がっていて、スタンドパソコンの並んだテーブルと、電源だけがあって、持込みパソコンを利用できるテーブル、閲覧テーブルが並んでいます。

雑誌コーナーもあります。私がよく利用したのは世界各国の新聞を保管している部屋でした。新聞を半分に折った形で入る大きさの箱が、倉庫の棚のように並んでいて、ほぼ三か月分が置いてあります。日本の新聞は「朝日新聞」が三か月分あり、ほぼ二日遅れで読むことができました。

私は隅っこの閲覧テーブルで本を読んだり、英語の宿題をしたりして時間を過ごしました。パソコンを使う利用者が圧倒的に多いので、大きな閲覧テーブルを独占できる状況でした。時には相席になることもあります。韓国人のカップル、中国人のグループ、インド系の女の人、そして日本人のおばさんの私。

時にはオーストラリア人のおじいちゃんが来て、ぼそぼそしゃべりながら本を広げています。そういえば、テーブルの近くの書架には「ファミリーヒストリー」の見出しがありました。オーストラリアの入植者たちの歴史はたかだか百五十年くらいのものです。三世代くらいの家族の歴史が、すなわち国の歴史になるのだなあと思えるのでした。

図書館のトイレで会うのも中国、韓国、インド系がほとんどです。英語を学ぶためにはるばるやってきた各国の学生たち。この州立図書館は彼らにとって、もちろん、私にとっても便利で居心地のいい、なくてはならない場所なのでした。

セントラル・マーケットの図書館

シティの中心部、世界的ホテルチェーンの「アデレードヒルトン」ホテルの背後に、オーストラリアで一番大きいといわれるセントラル・マーケットがあります。そこと一体のように隣接しているのがチャイナタウン。世界中のどこの都市にもあるチャイナタウン。人口の多さと、中華料理という「食」で、世界を席巻している中国人の集団を目の当たりにすると、日本人はアジアのほんの「一部」でしかないのだと思わざるを得ません。あの、どこでも見かける大きな赤い門が、アデレードの中国人の集団としての存在を見せつけてくれるのです。

マーケットの周りには二つの中国食材のスーパーマーケットがありました。日本の食材はここで手に入れるしかありません。お米やキッコーマンの醤油や永谷園のお茶づけなど、ほぼ何でも手に入ります。ブランドものは割高ですが、韓国製の「なんちゃって日本食材」なら安く入手できます。韓国の食材も日本食よりはるかに多く、アジアの一民族として、日本人は彼らの商人力に頼らざるを得ないのだと実感する場所でもあるのでした。

巨大なセントラル・マーケットには世界中の食材があり、多民族国家オーストラリアならではの多様な品揃えです。アデレード在住の様々な人種が詰め掛けてくるので、その多様性をまとめて目にすることのできる場所でもあります。見た目ではどこの国の人なのかわかりません。それを想像できるのが、マーケットの向かい側にある小さな図書館です。

二階建ての小さな図書館です。一階は新聞や雑誌の閲覧と、蔵書検索やインターネットができるブースが四箇所。二階は書庫のように書架が並んでいて、道路側の窓に面して細長い机が並んでいます。ささやかな閲覧机です。

なんとも特徴的だったのは、様々な言語の表示のある書架でした。

中国語、韓国語、ベトナム語、ロシア語、ルーマニア語、セルビア語などいろいろな表示があります。タガログ語、タミール語、ウクライナ語などもありました。中国語や日本語などの本の多いところでは四連（幅九十センチ、四から五段の棚を一連）から五連の書架が陣取っていますが、少ない言語ではせいぜい三棚くらいの量しかありません。でもちゃんと言語の表示があります。机と椅子はあまりないので、書架の間に座り込んで本を拡げている男性もいます。

五連ほどある日本語の書架を眺めてみました。本の並べ方はアトランダム。おそらく受け入れ順なのでしょう。かろうじて子ども向けの本（絵本など）とは区別して置かれていました。マンガもありました。ほとんどが寄贈された本であろうことが推測されました。留学生たちが帰国の際に置いていくのでしょう。それによって集まった世界各国の本たちです。書架の見出しが「言語名」であることが、島国日本の私にはまさに「異文化の発見」でした。

そして、もう一つびっくりしたのは、書架兼閲覧室の隅っこに、水道の蛇口もあるシンクがあることでした。ここで手を洗うのでしょうか。さらに意外だったのはポットが置いてあったことです。そこでカップラーメンを食べている若者たちの姿がありました。

本があって、お腹を満たすこともできて、それなりの居場所にもなっている図書館。経済的にも豊かではない、いろいろな国の留学生たちの、便利な暇つぶし兼勉強の場なのかもしれません。

それぞれの国へ帰る時に置いていかれた本たちのなかに、かれらのこの街での楽しかった

▲ 各国の言語による書架見出し

▼ 日本語の本の書架

こと、つらかったことなど様々な思いがこもっていて、次に続く人たちへのメッセージとして存在しているようでした。

ヴァーモント地区図書館

当初、アデレードという都市は、シテイを中心にここから郊外へ放射線状に町が広がっているだけなのかと思っていたら、そんなことはありませんでした。それほど狭くはなかったのです。郊外にはやはりそれぞれの地域の核となるショッピングエリアがあったのです。娘の住むシェアハウスは、百年から百五十年前の初期の頃の入植者たちの住む、古いレンガ作りの家がゆったり、整然と並ぶ地域にありました。シテイまではバスもありますが徒歩で三十分くらいのところです。シテイとは反対に郊外に向かって徒歩十五分くらいのところに、ヴァーモントショッピングエリアがありました。

スーパーマーケットを中心に本屋、ブテイック、カフェなどが並ぶショッピングアーケードが並んでいます。私の好きなイギリスのローラ・アシュレイのお店もありました。

一月になるとどこもバーゲンセールの時期で、赤い「ＳＡＬＥ」の字が踊っています。「ＳＡＬＥ」の字につられて入ってしまいました。洋服だけでなく、寝室やキッチン用のおしゃれなアイテムがいっぱいです。

その周りには教会とヴァーモント市民センターのような建物があり、センターのなかに図書館も併設されていました。ヴァーモント地区図書館は、規模的には東京の区立図書館のようでした。平屋建てでゆったりしています。中央に書架が並んでおり、周囲に閲覧コーナー、コンピュータールーム、家事関連の本のコーナー、ヤングコーナーなどが並んでいます。ヤングコーナーではビデオはもちろんゲームもできるようです。子どもの部屋は建物のこぶのように半独立仕様に作られていました。

日本語の本のコーナーもありました。五、六連はあっただでしょうか。きちんと分類されてシールも貼られていました。コーナーの

▲ 日本語本のコーナーの日本語による案内

なかほどに日本語の案内がありました。

「約二〇〇〇冊の日本語の本があります。インターネットで調べられます」と日本語で表示されていました。アデレード在住の日本人ボランテイアの手によるとのことでした。蔵書の一部は寄贈されたものもあるのでしょう。私も日本から持ってきた本は、日本に帰る際に「ドネイト（寄付）」してきました。「寄付します」と言うと、別にメモするわけでもなく、気軽に受け取ってくれました。ちなみに本は藤沢周平と宮本輝でした。

「蝉しぐれ」は図書館の蔵書として一冊ありましたが、かなりくたびれていたので、私の一冊がボランテイアさんの手によって、新しくとって代わることになるのでしょう。

さてこの図書館では、日本の図書館では見られない光景がありました。

それは除籍本の販売です。図書館では一年に一回、「曝書（ばくしょ）」を行います。蔵書の棚卸しです。頻度、方法はともかく、図書館であれば万国共通の必須業務です。その際、図書館ではもう不用となった本が一定量生じます。一般的に日本の図書館では不用として除籍された本を、住民に売るということはしていません。私の知る限りでは区民に無償提供するか、社会福祉協議会を通じて有償で提供して、代金は寄付金として活用されるかです。

曝書を終えたあとなのか、貸出カウンターの前にワゴンが二台あり、そこにはもう用をなさないとみなされた本が、本の背を上に向けて並べて置かれてありました。ほとんど一ドルか二ドルです。一ドルは七五円くらいでした。

子ども向けのジョン・レノンの伝記、なんてものもあって、気持ちが動きましたが、娘がこの地の大学を終えてアデレードを引き払うことになっていたので、荷物になると思い買いませんでした。記念に買っとくべきだったかしらと心残りです。

初めてのホームステイ

六十歳を過ぎて初めての語学学校と初めてのホームステイ。もろもろの手続きを娘に頼り、自分はお膳立てに乗るだけというのんきな出発でしたが、人見知りの私には、まったく知らない人の家に三週間も過ごすことはとても勇気のいることでした。でもこういうことは考えているだけではだめ、実践あるのみとまず飛び込むしかないと決心しました。

ホストマザーはマギーさん。ホームドクターというお医者さんらしい。娘のアパートまで車で迎えに来てくれました。栗毛色のカーリーヘアーの背の高い大柄な女性でした。

自己紹介をして早速スーツケースを車に乗せ、ホームステイへの出発です。マギー家へ行く途中、二軒の家具屋に寄りました。ワイヤー製の三段の棚とアンティーク調のデスクを買いました。私の部屋用でしょうか。二十分ほど車で行くと郊外の山の手の住宅街に着きました。ゆるやかな山の斜面に開発された新興住宅地のようで、一帯は塀で囲まれていました。車はモダンなコンクリート造りの家々の前をぐるぐる回り一番奥まった家の前で止まりました。斜面に建っているので見上げるようでした。

玄関を開けると犬の鳴き声が迎えてくれました。二匹の黒犬です。玄関を入り、階段を五段ほど上がると右にリビング、左にダイニング。正面の裏庭に面して書斎と右奥がキッチン。リビングの奥に私用の部屋がありました。さらに寝室やら医務室やらがあるようでしたが、とりあえず目に入ったのはそれだけでした。

初日は、私の部屋にこの日に購入してきた棚と机を設置しました。会話もスムーズにできないのでマギーさんの動きに付き合っているだけでした。マギーさんも一方的にパラペラ話すタイプではありません。私に用意された部屋には、ダブルベッドとベッド脇のサイドボードだけで、ひょっとして私が初めての学生だろうかと思ったりしました。私の未熟な英語では質問することができません。

そのあとで裏庭を案内してくれました。山の斜面という立地なので庭も段々になっています。三段もあり、それぞれにテーブルが置かれ食事もできるテラスになっていました。一番上のテラスには仏陀の像が置かれ、さしずめ「仏陀の食卓」という感じです。

その日の夕食はマギーさんと二人きり。夫のチャーリーさんはシドニーの親戚の家に行っているということでした。二日目も三日目も二人きり。余計なおしゃべりもないので、本当は夫がいないのでは、と思ってしまったほどでした。

夕食後にゲームを一緒にしました。まったく知らないゲームでしたが、ルールを教えてもらいながらの対戦でした。そんな合間にぽろっと「とても彼を愛しているのよ」と言うのです。そんなふうに言われると、チャーリーさんとはどんな人なのかと想像がふくらんできました。

三日目の夕方、とうとうチャーリーさんがシドニーから帰ってきました。シューズデザイナーだというチャーリーさんの娘、シェリーさんも一緒でした。車から降りたシェリーさんはなんと裸足。オーストラリアの若者は裸足で歩くと聞いてはいましたが、まさかこんなに身近にいたとは！

待ちに待ったチャーリーさん。背が高く、鼻も高くいかにもイギリス人のジェントルマンという感じでした。

その日の夕食は夫妻とシェリーさん、私の四人で初めてキッチンの目の前の一段目のテラスで始まりました。テラスにはバーベキュー用グリルが置かれていて、お肉を焼いたりするのは夫の役目らしい。マギーさんはサラダとお肉のつけ合わせの野菜を準備しており、ワインを用意するのも夫の役割のようで、ワイングラスを片手に持ちながら支度をしていました。

テーブルにキャンドルを灯してのデイナーは、夫妻とシェリーさんの久しぶりの語らいのようで、三人の家族の会話が盛り上がっていました。緊張気味の私はひたすら英語の会話を理解しようと耳を傾けていましたがほとんどわかりませんでした。

たまたまシェリーさんとふたりだけになった時、なぜアデレードに来たのか、なぜ語学学校に入ったのかなど、初対面の人に聞かれるような話題になって、なんとかカタコト英語で話しているうちに、少しずつ緊張も溶けて、私の飼っている猫の話だとか、その猫を私の不在の間、新幹線に乗って姉に預けに行ったこと、日本の新幹線はとても素晴らしいなどと、おもしろおかしく話すことができました。年下の若い女性ということもあって気が楽になったのかもしれません。

食後の片付けはみんなでして、洗い物はチャーリーさんの仕事です。軽く水で汚れを落して食器洗い機に整理して並べる、汚れ水は捨てないで庭の植木の根元に流す、という手順も覚えました。私はやがてチャーリーさんの洗い物のお手伝い役になっていきましたが、水道の水を流しっぱなしにする日本での癖がなかなか抜けず、マギーさんに度々「ノー！」と注意されました。

翌朝早く、シェリーさんはロンドンに旅立って行きました。チャーリーさんはイギリス人なので、ロンドンには親戚もいっぱいいるから大丈夫とシェリーさんは言っていました。

これから二週間と少し、私の様々な体験が始まります。

ホストマザーのマギーさんとチャーリーさん

マギーさんはホームドクター。ホームドクターという仕事は、主に電話で健康相談を受けたり、アドバイスをすることらしい。骸骨の人体モデルがある診察室はあったのですが、電話で相談を受けていることが多かったようです。私が帰宅してからも、ずっと長電話をしていることがたびたびありました。

「マギーさんは忙しいですね」

「そう、彼女はいつも忙しい」

こんな会話をチャーリーさんと私はよく交わしました。

ドクターの仕事、毎日の食事のことなどに加えて、三段もある裏庭や表の庭の植木の手入れや水撒きなど、なんでもマギーさんが中心になって仕事が運ばれていました。

お掃除はどうしているのかと思っていたら、ある日帰宅した時、若い女の人を紹介してくれました。誰かと思ったらお掃除にやってきた人でした。庭の掃き掃除をしていたのを見ただけでしたが、家の中の掃除も頼んでいるのでしょうか。どちらにしてもマギーさんが掃除をしている姿を見かけることはあまりありませんでした。

土曜日の朝はガーデニングの専門店に同行しました。日本のホームセンターみたいですが、ガーデニングに特化したお店のようでした。どこの家も広い庭があるので、こういう専門店が必要なのでしょう。水撒きの配線セットを調達し、帰るとさっそくマギーさんの指示のもと、チャーリーさんと私であたふたお手伝いをするのです。家の中からスイッチ一つで放水できるようになっていました。私も間違えながらもスイッチ係りを仰せ付けられたりしました。裏庭の植木の入れ替えもすべて、この家を取り仕切っているのは間違いなくマギーさんでした。

ある日の夕食後、その日はめずらしく家の中のダイニングテーブルでの食事でした。いろいろなことを話していて、私が「今はシングルなんです」と言ったら、突然、私を彼女の診察室兼書斎に連れて行きました。そし

▲「仏陀の食卓」でのティータイム

て、パソコンの前に私を座らせ一つの画面を開いて見せました。それは「サムワン・ドット・コム」という恋人探し？　のサイトのようでした。なんとマギーさんとチャーリーさんはこのサイトで知り合ったというのです。英語が未熟な私の聞き違いではないかと、いまだにそのことについて、現実味がないのですが、あのお二人がサイトで知り合ったなんて！

マギーさんはオーストラリア人。約百五十年前、先代が「自由移民」（オーストラリアのイギリスからの移民は多くが犯罪者、それも軽微な犯罪者であったらしいが、アデレード移民はそうではなく、普通の自由移民であることが誇りであるらしい）として入植した人で、初期の水道敷設に貢献した人だということでした。

チャーリーさんはイギリス人。サイトで知り合ってオーストラリアにやって来てマギーさんと暮らしています。それも数年前のことのようでした。そして、マギーさんは三回目、チャーリーさんは二回目の結婚だというのです。

私に見せてくれたそのサイトには、いろいろな男性の顔写真付きの画面がアップされていました。そして、そのサイトのアドレスをメモして私に渡してくれるのでした。

マギーさんはチャーリーさんをとても愛している。数日間ともに暮らしただけなのに、それがとてもよく伝わってくるのです。一つ年上の姉さん女房のマギーさんに、いつも早口でジョークを言いながら、ウインクをしてにやりと笑うチャーリーさん。それを受けてうれしそうに笑いこげるマギーさん。年を重ねてもこんな愛が得られるなんて、なんて素敵なことかと暖かい気持ちになりました。

リビングの壁に、イギリスの議会風景のような群像（映画でよく見る白いかつらをつけた男たち）写真と、その内の一人が拡大された肖像画がありました。その人がチャーリーさんの祖父だと説明してくれました。なるほど、イギリス紳士であるわけだと納得しました。

チャーリーさんは大学で、学生たちと水をきれいにする技術を研究しているそうです。彼の書斎はリビングの片隅にあり、全面ガラス張りのサテライトスタジオのようで、家の中の様子が見渡せます。活動的で家を空けることの多いマギーさんに対して、チャーリーさんは書斎派で、ショッピングは大嫌いだと言っていました。着るものにはこだわらないのでしょう、セーターのひじがほつれて穴が開いているのを気にするふうもなく、マギーさんが「もう！」という顔をして笑っていました。そんなことはおかまいも無く、手振り身振りの早口でしゃべって、ニヤリと笑ってウインク、といつものチャーリースタイル。どうでもいいジョークで私を楽しませてくれているのだろうと思うのですが、彼の早口の英語は私にはほとんど聞きとれませんでした。でも表情を見ているだけで楽しくなる人でした。時々、マギーさんがゆっくりと話して「通訳」してくれるのでした。

ホームパーティーに招かれて

夫妻の友人のホームパーティーに私も同伴させてもらいました。少しお洒落っぽくしてと思いましたがパーティー用の服などありません。こちらは南の国、ロングのフレアスカートに、ちょっとちゃらっとした格好でよさそう。それに小さなポシェットがあれば——。

支度をしてリビングに行くと、マギーさんが私を夫妻の寝室に連れていきました。初めて夫妻の寝室に入りました。やはり専用のバス、トイレがありました。というのはリビングの横のバス、トイレを使用しているのは私だけのようだったので。

マギーさんは私をウオークインクロゼットの中へ押し込み、いくつもの帽子を取り出しては私の頭に乗せます。あれかこれかと選んで楽しんでいるようでした。結局、ピンクの麦わら帽子を被せられ、車で三十分ほどの友人宅へ出かけました。

とてもたくさんの人、二十人以上はいたでしょうか。どういう人たちの集まりなのか私にはわかりません。キッチンからリビング、庭のテラスまでパーティー用に開放され、テーブルにはいろいろな料理が並んでおり、お寿司の海苔巻きもありました。マギーさんも手作りの一皿、キッシュのようなものを持参していました。みなさん一品持ち寄りのようですが、ホストが用意するごちそうもいっぱいです。壁側の一角はドリンクコーナーらしく、カクテルやフルーツポンチなどが並んでいました。

三人とか四人の会話の輪ができていました。私がポツネンとしているとマギーさんやチャーリーさんが自分たちの輪に呼んでくれました。「うちでホームステイしてるのよ」なんて紹介され「どこに住んでいるの？」「東京」「東京はビッグシテイね」「どうしてアデレードに来たの？」「娘がこちらの大学にいるから」などといつものような会話をして、でもあとがなかなか続きません。

そうしていくつもの輪を渡り歩いて、テラスの一番端のいす席に座りました。隣には高齢の女性が座っていました。彼女とも一通りの会話をしました。すると、私の反応はともかく、あそこにいるのが私の息子で、あちらがだれだれで、と話してくれるのです。「私の息子はグッドボーイ」ということばが心残りました。「みんないい子たちなのよ」と見も知らぬ私に語りかけてくるのでした。

その時、中年の男性が彼女に小さなひざ掛けのようなものを持って来てひざにかけ、ひと言ふた言話しかけて、またリビングの方へ去っていきました。彼女の「グッドボーイ」だったかもしれません。パーティーは、若い人だけとか、おばさんたちだけというのではなく、高齢のおばあちゃんたちも一緒に家族全員が参加するもののようでした。

途中でこの家の子どもらしい少年が二人、裸足で料理の皿を手にゲストたちの間を回ってきました。白い透明な肌とばら色のほほ、ブロンドの巻き毛の美しい十歳くらいの少年でした。このくらいの年齢の子はまだ男女も未分化で、天使のように美しいと思いました。トレーを持ってのサービスはパーティーでの子どもたちの役割のようでした。お開きになって帰る時、別の部屋でテレビに見入る彼らがいました。

パーティーの後半は私も手持ち無沙汰で、キッチンで少しずつ洗い物をすることにしました。マギーさんが「彼女はいつも家でチャーリーの洗い物をヘルプしてくれるのよ」みたいなことをホストの妻に話しました。いとまを告げて引き上げる時、ホストの妻はその太い身体で私をハグしてくれました。決して形式的ではなく、とても〝情〟を感じた瞬間でした。お世辞でなく、本当に「ありがとう」という思いが伝わってきました。

ゲストと一緒のディナー

ある日の夜、カナダ人の妻とアメリカ人の夫のカップルがゲストとしてやって来ました。国籍は英国、カナダ、米国、オーストラリア、日本人というディナーです。マギーさんは料理本を持ち出して悪戦苦闘の様子、ローストビーフに挑戦しているようです。「初めて焼くのよ」と言っていたけど本当でしょうか、ゲストのためにとっておきの料理をという意気込みが伝わってきました。ゲストの手土産はワインで、時にはチョコレートの追加もあるそうです。

ディナーは会話がメインデイッシュです。カナダ人の妻はとてもよくしゃべる人で、適当に相槌を打っていると、ずっとしゃべっています。それもとても早口。日本に行ったことがあるとかで、仙台と横浜の名前が出てきました。アメリカ人の夫は、ソフトで低くゆったりとした素敵な声の人でした。「マギーさん夫妻は三年前に結婚した」ということがこの時のおしゃべりでわかりました。このカップルも中年だけれど、新婚なのかな、なんて考えながら聞いていました。また「五人ともみんな国が違うのね」という話で盛り上がりました。オーストラリアではこういう会話が当たり前なのでしょう。

赤ワインとローストビーフとサラダのテラスでのディナーが終わると、リビングに戻ってデザートタイムです。デザートはマンゴーに杏仁豆腐のようなものをかけたもの。マンゴーはよく食卓にのぼります。マギーさんとカナダ人の妻のおしゃべりが延々と続き、そのうちアメリカ人の夫が寝てしまいました。どこの国も女はおしゃべりだなって納得できました。

十時も過ぎて車で帰ることになりました。「オーストラリアはお酒を飲んで車を運転していいの？」とマギーさんに聞いたら「基本的にはだめよ。でも少しならＯＫ」だそうです。

車が足のオーストラリア、ビール好きの太鼓腹のオーストラリア人たち。「飲んだら乗るな」を徹底したら大パニックだろうな。もっとも、道路は広く、日本ほど渋滞も無さそうだから「少しならＯＫ」なのかもしれない、と感じた夜でした。

何事も経験、日曜日の教会

日曜日の午前、教会へ行くかと聞かれました。何事も体験、もちろん「行きます」と答えました。

教会というと、とんがり屋根に十字架の建物をイメージしますが、マギーさん夫妻が向かったところはまったく普通の家。中は大広間になっていて椅子が並んでいるだけです。前方のそれほど高くない壇上には祭壇も十字架もありません。

いろいろな人が交代で前に出てしゃべっている。なごやかにしゃべっている。時々、笑いが起きる。ここでは多分、世の中への怒りではなく、政治や社会にむけての多少皮肉めいた主張がなされているのかなと思いながら見ていました。

数年前、ニューヨークはハーレムの教会で日曜日の午前のミサに潜り込んだことがあります。そこでは黒人の牧師さんが熱弁を振るい、壇上ではピアノやドラム、トランペットが演奏され、人々を容易に一つの〝熱情〟に〝陶酔〟させる熱い空気が充満していました。これは洗脳ではないかと思いました。政治や選挙もこんなに熱く語られれば、その勢いで投票でも集会でも行ってしまいそうです。最後に小さな箱が回ってきてカンパをするようになっていました。

アデレードのこの教会はまったく冷静でした。マイクの前で語られていることが聞きとれれば、どんな教会なのか少しは理解できたかもしれません。配布されていたプリントには賛美歌が印刷されていました。最後にそれをみんなで歌うのです。

終了後にはコーヒーのサービスがあり、三々五々、参会者たちがコーヒー片手に語り合っていました。ここでも、私はマギー家でホームステイしている学生として紹介され、何人かが「私も日本にいたことがあるのよ」と話かけてくれました。

帰り際、マギーさんが「ボート遊びに行くか」と聞いてきました。この日の夕方、何人かでボート遊びの予定が決まっていたらしく、マギー家が誘われ、私にも声がかかったのです。私は「もちろん」と答えました。だんだんずうずうしくなってきた自分を感じました。少し慣れてきたのかも知れません。

はるか先にはタスマニア、クルーザー遊び

ボートというと、上野の不忍池の貸しボートしか思い浮かばないのだけれど、どんな船だろうと思いました。大きな船は日本ではクルーザーと言うのではないだろうか、などと考えつつ午後四時頃、ホールデン（アメリカの自動車会社がオーストラリアで作っている車だそうです）の後部座席に座りました。ヨットハーバーに向けて出発です。一時間ほど走ってヨットハーバーに到着。たくさんのクルーザーがつながれ、たくさんのヨットのマストが林立していました。

大きな船でした。船長さんはこの船で何か月も船旅をすることもあるそうです。こんなに大きくてもボートと表現するのだろうか。船にはすでに、船長夫妻と教会で見かけた女性二人が乗っていました。「ボート遊び」のメンバーは船長夫妻、マギーさん夫妻、ほかに二人の女性と私の七人。みなさん、教会のお仲間のようです。船の中はリビング、キッチンに寝室。デッキにはグラスの置かれたテーブルがすでに用意されていました。

五時過ぎ、船は出港しました。「三十分か一時間くらいのクルーズかな」と、船酔いが気になりだした私は時間も気がかりでした。というのはすでに少し車酔いしていたのでした。すぐに食前酒が振舞われました。食事は軽食程度のものだろうと思っていたら、見事なフ

ルコースでびっくりしました。ボイルした海老がひと山、サラダ、一羽丸焼きのチキン、フルーツにデザートのスイーツまで。そして、次々にワインのボトルが開けられます。

よく冷えたシャンパンは口当たりがよく美味しい。しかし、いつもなら飲んだり食べたりすることに夢中になっているはずが、私は陸からどんどん離れて行く船の行方が気になって仕方がありません。どこまで行くのだろう？　何時に港に帰るのだろうか？

少し車酔い気味のまま船に乗って、さらに酔いを助長するような船のおだやかな揺れと、料理の匂いと、少しずつ口にするワインの酔い、それに連動するお腹の調子が気になって仕方がありません。これ以上悪化させる訳にはいかない。ワインをほんのひと口含み、お水をたくさん飲み、美味しい料理も少しずつ口にし、酔いの進行を少しでも遅らせなければと、それだけに集中しつつ、みんなの英語の会話に耳を傾け、時々聞き取れる英語の単語を拾っていました。

このはるか先にタスマニアがあり、さらにずーっと先が南極なのだろうか、と陽焼けを気にしつつ、サングラスの向こうの青い青い海原を見つめながら懸命に酔いと戦っていました。

午後八時三十分、真っ赤な太陽が水平線の彼方に落ちてゆきます。サングラスを通してずっと見続けていました。そう、アデレードではいつも午後八時三十分に夕陽が沈む。海の上でも同じでした。そして、船はようやく港に向けて舵を切りました。

それにしても、お仲間たちの食欲にびっくりしました。「うわあ、こんなにたくさんの料理！」と出てくるたびにびっくりしていましたが、四時間という時間をかけてきれいにたいらげてしまいました。ちなみに船長夫妻と中年女性の一人が肥満体。マギー夫妻ともう一人と私はまあまあ普通の体型でした。

そして、私はかろうじて車と船と酒酔いの最悪の状態を爆発させずに、無事港に帰ることができました。

ホームステイでの食べものを紹介しましょう

マギー家での滞在でもっとも関心のあった「食べもの」についてまとめてみました。もともと、食べものについてのこだわりがあまりない私が、あえて食べものについてまとめようと思うのですから、マギーさんの食事によほどインパクトがあったのでしょう。マギーさんは小麦アレルギーということで、毎度の食事にパンに代表される炭水化物が登場しません。トマト、米、りんごも食べません。ということで毎夕食はサラダとメインディッシュの肉か魚と赤ワイン。時々、トウモロコシの粉で作ったというポンせんべいのようなものにジャムをのせて食べたりしていました。

サラダはメインディッシュに匹敵するくらいの大切なメニューなので、大きなサラダボウルにたっぷり作ります。パンなどの炭水化物の代わりになります。

材料はレタス、人参の千切り、セロリ、ブロッコリー（ボイルして）を中心に、ピクルス、トウモロコシ、干しぶどう、ピーナッツ（基本アイテムのようでいろいろなナッツ類の瓶詰めが食料棚に並んでいた）、ゴマ。たまに六〜七センチの長さのボイルしたトウモロコシ二本添えられることがありました。釘みたいなもので両側からさして食べるのが作法のようでしたが、慣れないとむずかしいので結局、手で食べてしまいました。

マギーさんおすすめのドレッシングは、ピクルスの酢とオリーブオイルをベースに塩、胡椒で味付けしたもの。これがグッドよ、とマギーさん。私はこっそり甘みをつける。

アデレードからインディアン・パシフイック鉄道に乗って二泊三日でパースに行った時のこと。自炊のできるホテルでいつも作ったサラダには、塩、胡椒の代わりにポテトチップスを砕いて混ぜたりしました。これに日本でいうツナ缶を混ぜると、けっこうメインディッシュになります。

夕食の準備に取りかかると同時に、チャーリーさんはワインを飲み始めます。毎夜のワインを用意するのは彼の役目。いつも赤ワインでした。甘口で飲みやすく、ワインを飲むだけでなんだか幸せな気分になれます。

メインディッシュは日によっていろいろありました。まず骨付きビーフステーキ。塩、胡椒で味付。肉がかたくて食べるのが大変。それをナイフとフォークではさらにむずかしい。次に山羊肉のステーキ。塩、胡椒。柔らかくて食べやすく、基本の味付けは薄味。サーモンはオーストラリア産でとても美味。脂肪も少なく、塩、胡椒でバター焼き。私の一番の好物でした。

ハンバーグは洋風料理の不得手な私が作るような（昔、子どものために作った）小さくて丸い、いかにも手作り、という感じの素朴なものでした。

海老の串焼きは塩、胡椒。海老を丸くして四個くらい串刺しにしたものが市販されています。ソーセージは塩、胡椒。あまり癖がなくいつも美味しく、食べやすい。ハムは大きなハムの輪切りをそのままお皿に。「周りの脂肪の部分は食べなくていいのよ」と言うのでナイフで切って、テーブルの下で私の膝の上にあごを乗せて待っている黒犬フライヤに与えると、パクッとひと口でした。

朝食は豆乳コーヒーとりんご

初めてマギー家を訪れた時、娘が作ったパウンドケーキをお土産に持参したら、なんとマギーさんは小麦アレルギーで食べられなかったのでした。

また、夫妻はどちらも在宅ワークなので出勤しません。ということで朝も早く起きません。それで、朝食は自分で用意することになりました。自分でポットでお湯を沸かし、コーヒーとソイミルク（豆乳です。牛乳も飲みません）、しばらくは娘のパウンドケーキとりんごやプラムなどのフルーツが朝食でした。

こちらのりんごは日本の「ふじ」のようなブランドりんごではなく、昔の「紅玉」のように赤く、小さめです。一度に食べるのに丁度良い大きさです。皮ごと食べるのにも敵していると思いました。外国ではよく歩きながらリンゴを食べている人を見かけますが、小腹が空いた時に丁度いいヘルシーな間食ではないかと思います。市場でりんごの山を見かけると、ついついつい買ってしまいます。

ドイツを旅した時、小粒で器量の悪いりんごを市場で山のように売っていました。バスの窓から、葉の落ちたリンゴの木にリンゴが鈴なりに実っているのを見かけましたが、何の手入れもせず、自然の実りをそのまま市場に出しているのだろうかと思ったものです。日本のブランドりんごとは遠くかけ離れた存在です。日本のりんごは、改良に改良を重ねた進化したものなのでしょうか。

ちなみに、「りんごは世界史において特別の文化的意味を持つ果物です」という新聞記事を読んだことがあります。ギリシア神話ではトロイ戦争の発端になったというりんご。旧約聖書のりんごはアダムとイブの善悪を知る木の実。ニュートンの万有引力の法則発見のきっかけになったりんご。ふーむ、りんごは奥が深いようです。「特別な文化的意味」というものをいつか調べてみたいと思います。私は、日本の大きなブランドりんごではなく、小粒な紅玉のような赤いりんごが好きです。

アデレードの夏で印象的なフルーツは、黄桃のような、ネクタリンのような、プラムのような赤いフルーツ。日本で、初夏に一時的に出まわる赤いプラムのようなものでしょうか。それが夏の間はいつも安く手に入ります。西瓜と並んで暑い夏にぴったりのフルーツ。アデレードの夏の思い出の果物です。

ランチはいろいろな国の料理が楽しめる

私のランチはサンドウイッチ。二日間ほど白いパンで作っていましたが、私がダイエット中だと話をしたら、マギーさんが「これは身体に良くないから」と、残りの白いパンをそのまま生ゴミ箱へポイと捨ててしまいました。次ぎの日、一緒にスーパーマーケットへ買いものに行き、雑穀入りの黒いパン（ライ麦パン？）といろいろな種類のツナ缶を買いました。

ツナ缶はいろいろな味付けのものが日本円で七十〜八十円で買えます。

前日の残りのサーモンとかハムをはさんだり、サラダにしたり。これにりんごかバナナ、プラムのフルーツが加わって私のランチとなります。これだけをきちんと守り通していれば、確実にダイエットに成功したのだろうけれど、残念ながらそうは行きませんでした。

語学学校が午後一時に終わるので、娘と待ち合わせて一緒にランチをすることがたびたびありました。持参したランチを持って一緒にフードコートへ行きます。私のランチと各国の料理をその日の好みで一、二品注文し、シェアして食べます。

多民族国家オーストラリアならではの、本当にいろいろな国の料理を楽しむことができます。フードコートでは各国の美味しい料理が並んでいます。中国、韓国、ベトナム、インド、マレーシア、東欧料理、もちろん寿司も大人気。アボガドなどの巻き物はテイクアウトや一〜二品買いなど、ファストフード的食べものになっています。フードコート以外にも各国料理のレストランがあります。

食いしん坊の娘が何年もオーストラリアで暮らしていられるのも、世界各国の料理を手軽に食べられるからだと思いました。私はマレーシア料理だという海老とパイナップル入りのチャーハンが好きでよく食べました。

ところで、こちらでは黒いパン（ライ麦パン）が一斤百五十円くらいで買えるのですが、日本では特別価格のように高く、白くて軟らかいパンばかりです。パンが主食の国では、健康のためにも胚芽や麦が多く、硬くてしっかりとしたパンが手頃な値段で買えます。パン好きな私は日本ではいつも「安くて黒いパン」を探し求めている状況です。日本人らしくお米を食べればいいのにと思うのだけれど、パンの焼ける匂いにひかれついつい買ってしまいます。日本のパンはいわゆる「菓子パン」で、主食として米にとって代わるものとは言えません。

ランチのあとは、ウインドショッピングをしたり、カフェに入ったり。日本でもこのごろ見かけるようになったオープンカフェ。アデレードはカフェの街でもあります。私が好きだったのは本屋さんの中にあるカフェ。コーヒーを飲みながら本も自由に読める。図書館へ行かない時はここで宿題をしたり本を読んだりしました。

オーストラリアの「豊かさ」

オーストラリアというと、ケアンズやゴールドコーストでのサーフィンやスキューバダイビングなどのアウトドアライフの国というイメージがあります。私にはまったく無縁だと思っていたそんな南の国に、縁あって何回も行く機会を持ちました。

アデレードという街で二〇〇八年、二〇〇九年、二〇一〇年の一月にそれぞれ約一か月間。年越しもしました。

あれから数年が過ぎ、いつまでも寒さの続く東京の二月の空の下で、過ぎ去った南の国の暑かった日々を思い起こしています。なんだかとても遠い昔のことのように思えるし、夢のようにも思えてきます。東京があまりにも寒いからでしょうか——。

いろいろな人に出会いました。二〇〇九年にホームステイしたマギー家の人々のほかにもたくさんの人たちが思い出されます。

娘のシェアハウスの家主だったジャンさん。ジャンの家はおそらく百五十年くらい前の初期の入植者の家で、クオーターエーカー（四分の一エーカー）の敷地のレンガ造りの古い家でした。裏庭は当時のジャングルの名残りのように大木が何本もあり、あまり手入れはされていないようでした。シドニーに本宅があったのでアデレードには時々しか滞在しなかったからかもしれません。彼女は七十歳くらいに見えました。四人の子育てを終えてから大学に入り環境学を学び、いまも研究しているという。娘はビニール袋や電子レンジの使用などに神経質になるのですが、ジャンからの感化かも知れなません。

ジャンの家のシェアメイトだったヨルダン人の中年男性。家族でアデレードへやって来たそうです。建築を学んでいたらしいが、仕事が無いのかよく料理をしていました。ソーセージとトマトの煮込み料理が美味でした。お礼にビールの六缶パックをプレゼントしたら相好を崩していました。その後、ブリスベンの方で仕事を見つけたとのことでした。

二度目のホームステイ先のホストマザーだったヴァレリーさん。ジャンと同じくらいの年齢のようでした。しっかり者のお料理上手の人。ヴァレリー家に長期ステイしたら確実に太ること間違いなしのボリューウムたっぷりの食事でした。医療関係の仕事からインテリアショップの仕事を経て、今は留学生の面倒を見ている働きもの。でも働く姿は少しも見せず、朝も夕も七時には食事が用意されていました。朝、出かける時には自室のベッドの上で、太った黒い愛猫キャシーを抱きながら、カールしたブロンドのロングヘアーと白いネグリジェ姿でバイバイをするおしゃれな女性でした。

アデレード在住の若い日本女性に日本の伝統舞踊（田植え歌のようにゆったりした歌と踊り）を教え、チャイニーズの旧正月のお祭の時に日本の踊りとして披露していたご夫妻。奥様はオーストラリア人なのに「女の人だからできるでしょ」と夫に言われ、女の子たちの着物を手縫いで作ってしまうほどの人でした。日本人の夫を日本人以上の内助の功で支えるたくましく知的な女性でした。

ケニアの青年も思い出に残ります。初めてのアデレードでの娘のアパートで、住人同士のパーティーがありました。いすに座っていた私のところに、「マキコの母よ」と紹介されたのか、長い足で大股で近づくとさっと手をだしました。握手を求めたのです。私も思わず手を差し出して「ランニング、ファースト」と言ってしまったら「イグザクトリー」と返してくれました。素敵な黒人の青年でした。

ヴァレリー家の最寄りのバス停の番号を間違って教えられ、見も知らぬ場所でバスを降ろされ途方にくれていた時、道端で車の手入れをしていた若者に出会いました。ここはどこ？と訪ねる私の事情を聞き、住所を頼りに無事ヴァレリー家まで送り届けてくれたのです。長い髪を後ろで束ねて、サングラスをかけていたので瞳の色が何色かわからなかったけれど「タイラ」と名乗ってくれた若者。

そのほかにも、現地在住の娘の女友だちやボーイフレンドたち。

ほんの短い出会いでも異国という場所のせいか、日本とは違う乾いた暑さのせいなのか、それとも、あまりにも日本とかけ離れたゆったりとした豊かさを感じたせいなのか、ガラス細工の宝物のような、まぼろしのような大切な思い出になりそうです。

イギリスのエコノミスト誌が「二〇一三年時点でどの国・地域に生まれるとその子が健康で安全で豊かな人生を送る可能性が高いか」というランキングを発表した新聞記事を読みました。それによると首位はスイス、二位はオーストラリア。日本は二五位。香港、台湾、韓国よりもランクが下だそうです。

広い敷地に広い庭。どこもが「邸宅」といえるような家々。サンサンと降り注ぐ真夏の太陽に豊かな農産物。何で生計をたてているのかわからないようなお金持ちたち。

もちろん負の側面もあるのでしょうが、私にはやはり「豊かさ」を見せつけられた、というのが正直な印象でしょうか。

でも、マギーさんやジャンさん、ヴァレリーさんなど、私と同世代か少し上の女性たちが、日本の〝おばちゃんたち〟に負けずに劣らず、しっかり者で働き者のがんばりやさんであったことを知ることができたのが、一番の宝物だったような気がします。私も彼女たちのように〝しっかり〟と〝たくましく〟生きたいと思いました。

そして、経済だけではない「豊かさ」を私も志向したいと思うのでした。

第三部　本との出会いあれこれ

江東区図書館友の会『ＬＴ通信』より転載

健康的に「毎日が日曜日」を過ごすには

いよいよ「毎日が日曜日」の生活に突入しました。ところが、仕事があった昨日までと、もう出勤しなくてもよい今日からと、意識のうえでは、明確な区切りはありませんでした。あれ、何だろうこれは？　と思いました。考えて見たらたぶん、以前からの予定が手帳を少なからず埋めているので、それをこなしていくことに思いがとらわれて、三十六年と少しのサラリーマン生活から「解放」された激震は、予想したようには襲ってきませんでした。

ところで、リタイア直前の少し暇な時、ほんの一瞬、何もしなく、誰にも会わない日々が続くということにギョッとして、周りのリタイア先輩たちに「あなたの二十四時間の過ごし方を教えてください」と思わず口がすべってしまったところ、いろいろな方がアドバイスをくださいました。

まず、昼間の自由な時間（今まで仕事に費やしてきた時間）の過ごし方。まずは朝起きて家事をそれなりに済ませたら、廊下の隅でもどこでもいいから、自分の書斎を作って、そこに通うというリズムを作ること。なるほどこれはいいかも、と思いました。とりあえず、自分の書斎に今までのように出勤すればいいのだ。そこでやることは、とにかく自分の好きなこと。本を読んだり、友の会の原稿を書いたり、ボーとしたり、写真の整理をしたり、日記を書いたりと、これがどこにも出かけない日の基本。もう一人の先輩からは、リタイア後の名刺をプレゼントされました。名刺の裏には、それはもういろいろなサークルやら町会やらボランテイアやらの名前が幾つも並んでいました。そして、年賀状の枚数も現役時代と負けず劣らずということ。なるほど、でもなあ…、それってリタイアしたことになるの？　確かにお金を稼ぐためでなく、自分の好きなことのための忙しさだから、それは満足と言えるかも知れません。私としては、とりあえず今までできなかった身辺整理——家の掃除、押し入れの整理、本の整理、写真の整理… 何だか人生の整理のよう？——があるので、それを終えたら、自分の二十四時間をデザインしていくこととしよう。

いやいや、それよりも私にはリタイア後にやりたいことがあったはず。これまで、読みたくても読めなかった本がいっぱい積んである。それを読み尽くすのがリタイア後の私の日課ではなかったのか。そうだったけれど…、でも日がな一日、人に会うこともなく読書にいそしむ生活って、できるのかしら。あんなにも願っていた生活なのに、いざ目前に迫ってみるとそれってとても淋しいような不安なような…。この戸惑いって何だろう。

読書三昧の生活。世間にどんな風が吹こうと、好きな本の世界に篭もる。どうせ、世間に吹く風などどろくなものでもない。関心を寄せるほどのこともない。いにしえの世界に思いを馳せたり、哲学者の内奥に分け入ったり、偉大な文学者の奏でる人間ドラマに浸ったり、そんな生活を待ち望んでいたのではなかったのか。確かにそんな生活を夢見ていました。

高群逸枝という女性がいました（一八九四年——一九六四年）。『母系性の研究』などを著した女性史の研究家です。彼女は晩年、研究に没頭していて（生活の世話を、若い時に放蕩の限りを尽くした夫がしたと読んだ記憶がある）、一日中、机の前に座っているので、西陽の当たる方の肩と袖が、すっかり日焼けして変色してしまったということを印象深く覚えています。

今になって思うに、まったく下世話な感想だが、彼女は運動不足にならなかったのだろうかと真面目に考えてしまった。メタボリックシンドロームという言葉が多くの中高年者に重く圧し掛かっている現在、多分、私の疑問は多くの人の共感を得られるだろう。そして、この疑問についての解説として考えられるのは、当時（一九五〇年から六十年頃）と今日の栄養状態の違いです。一九五〇年代と言えば、話題の映画『ＡＬＷＡＹＳ三丁目の夕日』の時代、まさに団塊の世代の子ども時代。栄養状態が悪く、青っぱなでテカテカの袖口の子どもがいっぱいいいました。

生理学的なことはわからないが、栄養不足の状態では身体を動かすのも大儀だと思う。健康のための運動というのは、栄養過多である現代であるからこその命題なのだ、と思うのですがどうでしょう。

そこで、栄養過多の現代に生きる私は、高群逸枝のように身体を動かさない生活を送るためには、『三丁目の夕日』時代の粗食な生活をするのか、あるいは、普通に周りの刺激に命ぜられるままに食べて、飲んで、その分、メタボにならないようカロリー消費のための運動をするのか、どちらかを選ぶことになります。でも、困ったことに私は運動が嫌いなのです。ならば粗食？　さらに困ったことに、美食家ではないけれど周りの食べ物の誘惑に打ち勝つほどの強い意志もありません。

どうすればいいのでしょう。現役時代はいやでも毎日仕事に行かなければならないから、地下鉄の階段を登ったり、降りたり、時には一駅くらい歩いてみたりと、生活のなかに運動を取り入れて、どうにか自分なりの健康バランスを保つようにしていたように思います。わざわざ運動をすることもなしに——。

しかし、もはや行く所もない。用事も無いのに出かけたくもない。していたいのは、朝、ラジオを聴きながら新聞を読み、そして音楽を聴きながら本を読む。そして普通に飲んだり食ったり…。こんなささやかな生活を望んでいるだけなのに、確実に生活習慣病になるのでしょうか？どうやら私の迷いと不安はこのあたりにありました。

やっぱり、私は自分の二十四時間と一週間をデザインする必要があるようです。食事と新聞と読書と映画とカルチャーと帰省と旅行と、そしてお付き合いとをバランスよくデザインする。ここで肝に銘ずることとは、手帳の余白を埋めることに喜びを見出すような生活だけはしないこと。忙しさの中に自分を忘れることだけなしないように。ところで、今年も残すところ一か月。これはという小説になかなか出会えなかった私ですが、堪能できた小説がありました。

『銀漢の賦』『ダ・ヴィンチ・コード』『ハゲタカ』『ハゲタカ2』

（二〇〇七年十二月）

日本人ってこんなに孤独な人種だったの？

これはすごいと思えるようなおもしろい本に出会っただろうか、などと何となく思っていた時、ああやっぱり、という言葉に出会いました。小説ではなく映画の本で。『愛という言葉を口にできなかった二人のために』（沢木耕太郎著　幻冬社）。このなかで沢木さんは、最近小説を読めなくなっていると書いている。いろいろ読んでも大方、なるほどねで終えてしまい、感動したり心の琴線に触れるものがない。それに比して「映画は違う――多くはどこかしらに驚きを与えてくれる部分を持っている。そして依然として深く心を動かされることがある」と。しかし、映画も最近は〝なるほどね〟で終ってしまうものが増えているような、とも書いていますが――。

この本は、沢木さんが『暮らしの手帖』に連載している映画エッセイ（評論ではなくあえてエッセイと断っている）をまとめたもので、約三十本の映画について、沢木さんが感じたこと、考えたこと、触発されたことなどを書いています。このうち私が観たのは十六本。観なかった作品でも、ストーリーが必要に応じて細かく紹介されているので、沢木さんの思いは十分伝わります。例えば『ローマの休日』で某国の王女と新聞記者が出会い、密やかな恋愛感情を交わすが、二人は愛という言葉を口にすることなく別れることになる。人生にはそんな出会いがいっぱいあるんじゃないか、とこれは私の勝手で下世話な解釈。

ドラマチックな小説に出会えないなら映画に求めるしかない。最近の映画もなあ…と思いつつ話題の『バベル』に足を運びました。何と言っても日本人で四十年ぶりという菊地凛子のアカデミー助演女優賞ノミネート（ナンシー梅木以来）が話題騒然？　そして…。

何だか不思議な感じがしました。映画の舞台はモロッコの砂漠の村から始まる。父親からライフル銃をもらった羊飼いの幼い兄弟の弟の方が、兄と競い合い銃の試し撃ちをし、その弾が観光バスに乗ったアメリカ人夫婦の妻の方に命中してしまう。この若いカップルは夫婦関係修復のため、幼い子ども（兄妹）を不法就労のメキシコ人乳母に預けての二人だけの旅だった。メキシコ人の乳母は留守を任されたものの、メキシコでの息子の結婚式参列のため子守りを探すが見つからず、やむ無く子どもたちも一緒に甥の車でメキシコへ。（アメリカ人夫妻はメキシコ国境のサンディエゴかロスに暮らしているらしい）結婚式の帰り、甥の飲酒運転がばれて警察に追われ、乳母と子どもたちは砂漠に置き去りにされてしまう。照りつける太陽の下、半狂乱で助けを求める乳母…。そして日本。

ボーイフレンドもいない聾唖の女子校生チエコが友人と遊ぶ渋谷のJポップカフェ。大音響のディスコシーン（このシーンは長過ぎるし、一部の観客が気分を悪くしたと新聞記事にあった。私も正視するのを避けた）。働き蜂で不在がちの父、母は銃で自殺。少年が撃った銃はチエコの父親がモロッコでのハンティング旅行の際、現地で譲った物。三十六階の高層マンション最上階に住むチエコのさびしさは、異常な性行動となってあらわれる。

〝モロッコの片隅で偶然放たれた一発の銃弾がアメリカ、メキシコ、日本の孤独な魂をつなぎ合わせてゆく〟とパンフレットにあるが、日本の〝孤独〟の描き方にはびっくりです。大都会のコドク、群集の中のコドク、豊かさの中のコドク、家族の中のコドク、日本人ってこんなに孤独なのかと。どちらかと言えば、メキシコ人乳母の哀しみに一番感情移入ができたが、日本のこの頃の異常犯罪の頻出に接していると、日本が一番哀しい国かもしれない、という気がしてきます。それにしても、菊池凛子の聾唖の演技は演技と思えないほど素晴らしい。メキシコ人監督がオーディションに一年間かけている間に、手話などの役作りに専念したという努力と、役を勝ち取りたいという気迫の賜物であることは確かでした。

ところで不思議な感じとは、モロッコもアメリカのメキシコ国境のサンディエゴもかって行ったことのあるところ。チエコの住む高層マンションは、ベランダの造りと窓からの風景から見て、どこのマンションかほぼ特定できそうな、あそこではないかと思ってしまったこと。これって何だろう？

アメリカ人の妻は助かり、子どもたちも砂漠で救出され、チエコも父親にさびしさをぶつけられた。ただモロッコの少年の兄の方は警察の銃で命を落とす。これは悪意でなく愚かな行為の代償？　見終えても心の中で反芻を繰り返す作品でした。

（二〇〇七年六月）

ブータンとＧＮＨ（国民総幸福）と図書館

ＧＮＰ（GROSS NATIONAL PRODUCT）は国民総生産。確か日本は世界第二位と言われた。今もそう？

ところがＧＮＨという指標があるということを知りませんでした。「GROSS NATIONAL HAPPINESS」国民総幸福というのだそうです。環境保全や文化の独自性維持と調和しながら経済発展を進めていくという考え方で、一九七六年、ブータン第四代国王が提唱しました。「物質的発達によって、こころの安らぎが損なわれることがあってはならない」という信念が込められているそうです。二〇〇六年、アメリカ「タイム」誌に「その権力・能力・道徳的模範により世界を変えつつある人たち百人のうち、指導者・革命者二十二人」のうちの一人にこの国王の名が挙げられています。

「ブータンは海抜百メートル程の亜熱帯地帯から、標高七千メートルを超える雪山地帯まで変化に富んだ気候、地勢があり世界的にも動植物の豊かな国で人口六十万人、一九〇七年から王政」です。国土の占める森林の割合を六十％に保ち、環境を劣化させ、野生の動植物の生態を脅かす工業・商業活動を禁止する法律を定め、水力発電による売電が国家収入の柱になっている。自然環境の保護、自然資源の活用等の面で世界の模範例と見なされている、などなどもっといろいろ紹介したいのですがきりがありませんので、『ブータンに魅せられて』（今枝由郎著　岩波新書）をぜひお読みください。

ところで、右記の本の著者の今枝氏は、フランス国立科学研究センターの研究員（チベット歴史文献学）として一九八一年から一九九〇年までブータンに滞在、ブータン国立図書館顧問として、新しい国立図書館の建設から蔵書整理、多言語多文字処理のコンピュータシステムの構築からデータベース化までを結果的に関わることになった人です。その体験から、ブータンの過去、現在そして未来について、豊富な楽しい事例と、含蓄と温かみのあるちょっぴりユーモラスな美しい文章で綴っています。

著者のブータン赴任当時の国立図書館は、木造二階建ての普通の民家のような家で、経典が雑然と山積みにされ、目録もなく、検索・閲覧などできる状況ではなかったそうです。数千冊の蔵書は、数冊の台帳に収蔵年代順に書名と購入時の価格が記されているだけでした。新しい国立図書館の必要性を政府に進言、結果的にそのプロジェクトを任せられることになりました。目録もなく閲覧もできないというと極めて稚拙なものに思われますが、図書館はブータン人にとってはお寺であり、建物は経堂、図書館員は堂守、図書館長は僧正なのです。経典は書籍ではなく生きた信仰の礼拝対象であり、それぞれの寺で常に信仰の対象として活用されている。例えば、一巻の重さが二、三十キロもある大蔵経を一人が一巻ずつ担いで、首都を練り歩く雨乞いに使われるという存在なのです。こういう状況のなかで、書庫、マイクロフイルム設備、燻蒸装置などのハード面の建設と、竹ペンによる台帳記入からコンピュータ化への移行がはたしてどのように行われたのか。まさに時代を〝一足飛びに〟飛び越えるプロジェクトであったわけです。図書館建設の過程だけでもインディ・ジョーンズ的ワクワク感で引き込まれてしまったのですが、これはほんの一部の事例です。

ブータン国立図書館長ロポン・ペマラさんの存在感も特筆ものです。ブータン屈指の学僧で、「ブータン国史」の編纂者。「俗世のことにはまったく関心を示さず、ただ念仏と読書三味にふける人――仏教の学習・修業に全身全霊を捧げてきた一生から自然に滲みだしたであろうその真摯さ崇高さ」に著者は魅せられるのです。

希望を語るニュースになど最近お目にかかった事が無いなあと思う日々、この本に心が洗われる思いがしました。長く、経済大国だと思われていた日本には、今、格差・貧困の暗雲が垂れ込めています。私たちはどこで道を間違えたのでしょうか。一九八九年に『豊かさとは何か』（暉峻淑子著）という本が話題になりました。おもにヨーロッパ社会との比較で論じられていたように記憶しています。今、あらためてアジアの日本と同じ仏教国ブータンを通じて「豊かさとは何か」が問われているような気がしました。

（二〇〇八年九月）

今の若い人の人生の学校って？

新聞に興味のある記事がありました。ご存知のように、映画鑑賞の「夫婦割引」というのがけっこう人気だそうです。どちらかが五十才以上だと千円で観られるというものです。映画館に行くと、それらしきカップルを見かけます。同時に高校生三人なら「友情割引」サービスで一人千円で観られるのですが、こちらはさっぱり人気がないのだそうです。どうしてなのか。映画業界の推測によると「若者が映画鑑賞などのレジャーに金を使うより、貯金をする傾向があること、高齢者だけでなく若者もまた、生活の厳しさと将来の不安に支出を控えているから」ということらしいのです。

本来、若者は映画が大好きではなかったのか——。私の若い頃は、趣味が「読書と映画」が定番でした。逆に言えば「読書と映画」が無ければ、どうやって青春時代を生き延びられたのだろうとさえ思います。『ウエスト・サイド物語』を観たのは中学の時。これまでに出会ったこともない迫力のあるダンスと音楽と、悲しいラブストーリーに興奮して、何回も観ました。(映画館を出ないのです、今のように入れ替え制ではなかったから)

映画の感想やスターのことを鉛筆でいっぱい手紙に書いて、すぐ近くの友に送ったりしました。米、仏、伊など青春恋愛映画がいっぱいありました。ハリウッドに限らずヨーロッパも映画の全盛時代で、思えば幸せな時代であったとも言えます。映画を通して世界は広いと認識し、まだ見ぬ国々に憧れました。

高校から大学時代、時は政治の季節で、映画とは距離をおいてサークル活動や本が生活の中心になり、その後、仕事・結婚・子育てと生活に追われる日々になりました。子どもが年長組になった頃でしょうか、たまたま一人で家にいた時、ラジオから『太陽がいっぱい』のテーマ音楽が流れてきました。なぜか、わけも無く涙が流れてきました。

そして、本当に久しぶりに映画館に出かけました。マーシャ・メイスン、リチャード・ドレイフアスの『グッバイガール』（一九七七年）でした。いつも恋人に去られてしまう子持ちのダンサーのニューヨークでの話です。それからまた私の映画館通いが始まりました。

ハリウッド大作とか名作というよりも、地味で心温まる女性が主人公の映画によく励まされたものです。サリー・フィールド主演の『プレイス・イン・ザ・ハート』（一九八四年）は、夫を亡くした二人の子持ちの主婦が綿農場を守っていくテキサスでの話。『大草原の小さな家』シリーズに通じるものがありました。労働して生きてゆくことの基本がしっかりと描かれていました。

娘が十才くらいの時、一緒に『E・T』（一九八二年）を観ました。私はこの時、こんなに素敵な映画を作ってくれたスピルバーグに心から感謝したいと思いました。私の映画好きが感染して二人の子どもも映画は生活の一部となり、親子の共通言語となっています。残念ながら今時の三十代は生活に追われ、映画どころでは無さそうですが…。いい母親ではなかったけれど「映画」を手渡せたことはよかったかな、本と映画があればどんな困難にも援軍となってくれるでしょう、と思っています。

もっとも、娘にとってはマンガが生きる支えだったようです。中学生くらいの頃、マンガばかり読んでいて勉強をしないので、「マンガなんか捨てちゃいなさい」と怒ったら、「マンガが無ければ生きて行けない」と言われました。そうか、私にとって本が支えだったように、一九七〇年代生まれのこの子には、マンガが人生のバイブルのようになっているのだと、心に受け止めた一幕でした。

今の若者たちは、何を人生の指針として生きているのでしょうか。映画という総合芸術が彼らと疎遠になってしまうということはとても残念です。『蟹工船』（小林多喜二著）が切実に読まれていると話題になっています。この本の若者への手渡しを書店の方々ががんばっているようです。でも誰にでも開かれている図書館こそ出番という気もします。本もビデオもＣＤもマンガもあります。定期的に映画会を開いている区もあります。もし若者が節約に励むなら図書館をおおいに利用しましょう。ただ場所を借りて、暇をつぶすためだけではなく、聞きたいこと、知りたいこと、わからないことなどカウンターで聞いてみましょう。

（二〇〇九年二月）

著者に恋して症候群

美しい文章、素晴らしいストーリー、息をもつかせぬドキュメンタリーなどを手に取る時、私たちは大方、その書き手を知っているか、ファンであることが多い。名の知れた小説家やエッセイスト、学者、文化人と呼ばれる人たちはメディアを通じて顔もよく知っています。ノンフイクションなどは、あの人が書いた本だということで、その主義主張に重ねてその面影も受け入れて読んでいると思います。

ところで、新しくメディアに登場した書き手であった場合どうだろう。新聞の書評などで知った本（新聞の書評は、自分の興味範囲外の本に出会う機会を与えてくれるのでとても重宝している）に、思いがけず大きな感銘を受けた時、「いったいこの人は何者？ 何処に隠れていたのか」とゾクゾクする驚きを覚えます。これっていわゆる〝読書の喜び〟とか〝知的興奮〟に類するものに違いない。さらに、こんなに素敵なことを書く人、もしくはこんなに素敵な生き方をしている人ってどんな人だろうと、俄然、興味が湧きます。しかし、著書の写真などない場合、こんな出会いをするような本の著者は、おそらく謙虚な人に違いないから、自分の顔写真など掲載しない。だからなおのこと気になり、思いが募ります。

私はそれを「著者に恋して症候群」と呼んでいます。

さて、私の恋の相手とは？

『森林と人間――ある都市近郊林の物語』（岩波新書）の著者石城健吉さん。

三十七才の動物生態学者が、何の巡り合わせか北海道は苫小牧の地方演習林の所長として赴任。そこで見た、傷つきやつれた人工林に深く胸を痛め、ヨーロッパの森林文化を学び、その後二十三年の歳月をかけて、市民が毎日でも通いたくなるような〝森〟を造り上げたのです。

石城氏は荒れ果てた森を目にした時、「見ているうちに胸に込み上げてくるものがあった。それは、こうして自分がここに来た以上は、もう誰にもこんなことはさせないという、自分でも思いがけない激しい気持ちだった。なにか、身内が無残な目にあわされている姿にであったような気持ちになっていた」と記しています。二年前はイワナの研究者であった著者の、病んだ森との出会いです。

私も胸に込み上げるものがありました。都市生活に安穏としている私が、なぜ森林に興味を持ったか――。私は農家の子で、子ども時代、冬になると畑の奥にある森に「ごかき」に行きました。広辞苑によると、「ご」とは松の枯落葉のことで、それを集める熊手のことを「ごかき」と言い、近世の尾張、三河地方の方言とあります。近世の方言は昭和まで生きていました。私は「ごかき」イコール「ごを掻きに行く」と思っていました。枯落葉を除去することが森の再生に役立っていたのです。この本に出会って、改めて子ども時代の体験を思い起こし、その体験の意味を知りました。それで風呂を沸かしたと記憶しています。残念ながら記憶のなかの森は宅地化されて、今は無くなっています。

もう一人の恋の対象『ブータンに魅せられて』（岩波新書）の今枝由郎氏。この本については前述しています。ＧＮＰ（国内総生産）ではなく、ＧＮＨ（国民総幸福）を国是としているブータンで、今枝氏はチベット文献学の研究者として約十年間滞在して、ブータン国立図書館設立にも奔走します。その十年に及ぶ過程を伝える文章は優しく、ちょっぴりユーモラスで、未知の国の不思議がいっぱい詰っています。パリの大学に籍を置き、秘境ブータンで苦闘する今枝氏を、眼鏡をかけているのかな、髭をはやしているのかな、などと想像するのは楽しい。

時代小説作家で言えば葉室麟、『銀漢の賦』に魅了させられました。直木賞候補にもなっています。受賞するとマスコミの脚光を浴びるのでその〝姿〟が一般紙にも公開され、知ってしまうことになりますが、今はまだわからない。わからないことが楽しみでもある。ところで、この人はどんな人かな、などと思うこともなく読み終える本もある。それって、「魅せられ度」が低い本ということになるのでしょうか。

（二〇〇九年六月）

図書館の仕事から離れて――図書館の基本って？

図書館で本を貸す側から、借りる側の人になって数年がたちます。私の図書館の見方は変わったのだろうか。今、利用者として図書館に求めることは、自分が求める本を提供してくれること、いつも身近にあってくれれば心強い、空気のように時には忘れているけれど必要不可欠の存在。

図書館の内側にいた最後の頃、図書館の役割について、「貸出」よりももっと「レファレンス」を、「情報化への対応を」「ビジネス支援を」と見えない力に背中を押されているような、そんな雰囲気がありました。また、「図書館評価」とか「図書館パフォーマンス指標」という言葉が、私たちの仕事を「評価」し始め、さらに眼前には「委託問題」。そして一、二年で図書館の「窓口業務」が民間会社へ委託になりました。図書館での最後の数年は、私にはあらゆることが不透明で、いろいろなことが混乱していたようにも思います。不透明で混乱状態のまま図書館を離れていち利用者になった。本を貸す側の世界はもういいや、という気分で——。

数か月前、図書館の新刊棚で一冊の本に出会いました。『図書館の基本を求めてII』（大学教育出版）。著者は田井郁久雄氏、聞いたことのない名前の人です。なんてオーソドックスで地味なタイトルだろうと思いつつ、新刊棚に残っていた本を手に取りました。「カウンター業務委託の図書館を見て」とか「なぜビジネス支援コーナーか」など、目次に目を奪われそのまま近くのソファに腰を下ろし、一時間くらいで一気に読んでしまいました。そこには、不透明で混乱状況のまま、私がもう過去のものとして考えることをやめていた図書館の

〝現在〟(おもに二〇〇四〜五年頃)のことが、きちんと検証されていたのです。

本のなかで「出版ニュース」の記事が紹介されていました。「貸出からレファレンスへは本当にそうだろうか。図書館はベストセラー本を大量に買うべきでない、という作家の人たちへの図書館の対応は充分であったのか。先進事例として紹介されるニューヨーク公共図書館の実践が、本当に日本の図書館の将来なのか。〝情報化〟に邁進する一方で、アメリカでもイギリスでも貸出が減ってきており、「公共図書館は生き残れるか」というレポートが出ている」

図書館現場にいた時はいつも『出版ニュース』を読んでいたのに、今は全く接しないためそういう情報も私は知りませんでした。「英米の図書館の光と影」の章では情報に疎かった自分を悔いました。(やっぱり『出版ニュース』はちゃんと目を通そう)

「官から民への声の中」での章で著書は次のように危惧します。

「〈官から民へ〉という時流の中で気になるのは、最近図書館もまた、競争社会の一翼を担うかのような役割が重視されていることである。ビジネス支援がことさらのように強調される理由として、競争社会では自己責任として自分の道を切り開かなくてはならない。図書館はその人たちを支援しなければならない。それが求められていると説明される。国家もこのような図書館のあり方を求め、地方行政もこれに呼応する。図書館の資料・情報をどんな目的のために活用してもそれは自由だが、これは利用者である市民自身が自然に求めるようになったサービスではない。作られた動きである点にある胡散臭さを感じるのである」

民営化、情報化が主流のようななかで、直営でがんばっている図書館の事例に正直ほっとします。駅舎を図書館にして村外の住民にも開放し、人口まで増えた富山県船橋村立図書館。町民から「うっとこの図書館」として愛されている兵庫県滝野町図書館など。

「多くの市民は第一に貸出という方法で図書館を利用し、読書案内や予約サービスによって求める資料や情報が提供される。基本である貸出を発展させることなしに、レファレンスや保存資料の活用も、サービス全体の発展も実現できない。その意味で、まず貸出への取組みにこそ図書館員の専門性が問われるのである」――それが図書館の基本ですよね。

なんだかとてもスッキリして、この本に出会えて本当によかった。時代の流れで仕方がないと諦めていた自分。でもいつの世も、変なのは変、いやなものはいや、おかしいのはおかしいと意思表示すべきだし、変だと思ったら考えることをやめてはいけないのだと深く反省しました。

（二〇〇九年十月）

ロバート・B・パーカーの訃報に接して

ロバート・B・パーカーの訃報を新聞のコラムで知りました。一か月ほど日本にいなかったので「えっ！　いつ亡くなったの」と驚きと同時にかすかに胸がうずきました。一月十八日、心臓麻痺、七十七歳でした。

ロバート・B・パーカーはネオ・ハードボイルド派といわれる探偵小説の作家で、一九七三年『ゴッドウルフの行方』でデヴューしました。彼の作品の多くは私立探偵スペンサーものので、スペンサーは「三十七才、一八三センチ、八十九キロ、元地方検事局の特捜班に勤務。スタンドプレイのやりすぎで退職。食通を自認するがチーズバーガーをひそかに好む。拳銃のホルスターの色が苦心のスタイルと色調が合わないと心配するほどのおしゃれ。――しばしば詩を口ずさむ。どんな苦境に立たされても無駄口、軽口をたたくのが癖。ジョギングとウエイトリフテイングで身体を鍛えている。片手腕立て伏せが得意」というちょっとばかりキザで、草食男子が持てはやされる今の時代にははやらないマッチョな男です。また、彼には恋人（女友だち？）スーザンがいて、お互いの自由と自立のために（たぶん）結婚という形を取らないというところも、一九七〇～八〇年代には魅力的な設定でした。

パーカーの作品を図書館で働く仲間内で読んだのは八十年代。全国的に図書館も発展期で、江東区の図書館も次々と新しい館が増えつつあり、図書館の民間委託など想像も及ばない時代でした。当時、図書館の広報として「江東区立図書館報」を定期的に発行しており（昭和三十年代の創刊号から合本されて江東区内の各図書館で所蔵しています）年に一回、資料特集としてテーマを設定して様々な本の紹介をしていました。スポーツ、冒険、女性問題、公害問題などなど。それらの作業の過程で交わされる本についての会話は実に楽しいものでした。ミステリーや探偵ものは男性ファンが多いというイメージがありますが、なぜかパーカーの作品だけは男女の別なく新作が出る度に読み、図書館の本好きの仲間たち（男も女も共に三十代でした）と、その魅力を語りあったものでした。

訃報に接し改めて彼の七作目の『初秋』（一九八二年）を読んでみました。両親の離婚により、どちらからも疎んじられ、育ちあぐねている十五才の少年を、スペンサー流の流儀で〝男〟に仕立てる物語で、少年を両親の勝手なくびきから解放するやり方がハードボイルド風なのです。そして、父と子、親と子という永遠のテーマと、男であろうと女であろうと、自立した対等な関係を模索し続ける登場人物たちが魅力的なのです。スペンサーとスーザンの関係も愛情と束縛という点で興味深いものがありました。また、スペンサーが少年に語りかける多くの言葉はみなどれも含蓄に満ちています。一つだけ紹介します。

「自分がコントロールできる事柄がある場合は、それに基づいて必要な判断を下すのが賢明な生き方だ」

自分がコントロールできない事柄についてくよくよ悩んだって何の益にもならないということか。ありませんか、日々のなかで、こんな助言をほしい時。

ところで、共にパーカーに心酔していた当時の仲間の一人が、ガンでこの世を去りました。定年を数か月残して。無念さもいっぱいあったことでしょう。天国で大好きなパーカーと会えるといいね。

（二〇一〇年三月）

江戸の理系学者の青春

『天地明察』（沖方丁著　角川書店）が売れてますね。新聞の書評で知って、俄然興味を掻き立てられ、読み、他区の図書館ニュースで新刊紹介したのが二月でした。テレビでも話題になっていて、先日も、著者である沖方さんの福島のお宅までリポーターが押しかけていました。毎日新聞夕刊の「売れてます」情報によると、福島県の書店では『1Q84　BOOK3』を抑えての堂々一位だそうです。沖方さんのイケメンぶりもテレビが追っ掛ける理由かも知れません。先の「売れてます」の執筆者風丸良彦氏は「貴乃花親方をベースに高橋克典さんをブレンドしたような外見、だと思いませんか?」と書いています。言われてみれば…。でも私はどちらも好みではありません。何と言っても魅力的なのは、日本独自の暦を作ることに生涯を賭けた男、渋川春海その人ですから。

では渋川春海とはどんな人でしょう。幕府の碁方(お殿様と碁を打つのが仕事なんていうのがあるんですね)として、囲碁のみならず算術、測地、暦術に秀でた人。二十二才という若さで日本独自の新しい暦を作るという密命を受けます。当時採用されていた宣明暦は八〇〇余年も前のもので、実際よりも二日のズレがあったそうです。

さて、渋川春海、私のイメージでは束髪もせず、いやいやながら腰に差す二刀の重みで身体が左に傾き、歩く姿も無様な若輩もの、でも「実直、素直な渋川春海が愛らしい、苦労したって挫折したってめげない算術オタクに惚れました」(龍井朝世氏、ライター)という評に全く同感。このオタクっぽい描き方に著者沖方さんの若さが投影されているのかなと思いました。私も、この実直、素直なオタク青年に惚れました。そんな彼の恋のお相手は? 算術試合で失敗し、腹を切ろうと決めた時「誰が掃除をすると思っているのですッ。地べたで腹を切るなんて、今度からはよそでして下さい」と言い放つ武家の娘。二人の恋も一度それぞれあって、やがて——。いいなあ。

ところで、私がこの本に惹かれたそもそもの動機は、平成二十年三月に我が江東区図書館友の会主催の読書会「人生は第二幕にあり？　伊能忠敬に学ぶ」で、伊能をめぐる江戸中期の天文学者たちを知ったことでした。伊能忠敬の生き方も団塊の世代の生き方の指針として切実に魅力的でしたが、彼の師である幕府天文方の高橋至時（寛政の改暦を行う。子、景保はシーボルト事件で獄死、次男景佑は天保暦を作る）、さらに至時の師である麻田剛立、そして麻田の弟子であり、経済力でも彼らを支えた大阪商人の間重富など。

歌舞伎の世界や落語の長屋の世界とはまた異なった、ひたすら真理を求めて江戸の町を疾走したこんな理系な若者の世界があったのですね。

鎖国という閉鎖された社会の中で、ひたすら〝外界〟を求め扉を開けようとした男たち。天下を取る、という人間たちの歴史ドラマが圧倒的に多いが、こんな理系な男たちのドラマも観てみたい、と思いませんか。

（二〇一〇年六月）

ワインとシャネルと修道院

図書館友の会の総会では、グラス片手にイケメン先生のワイン解説に、短いながらも優雅なひとときを過ごすことができました。

「ワインのガイド書を読み解く」というお話を聞きながら、そう言えばワインは修道院から生まれたと書かれた本があったのを思いだしました。『贅沢の条件』（山田登世子著　岩波新書二〇〇九年）で、贅沢とは何かを文化史的に読み解いた本です。この本に導かれて、ワインとシャネルと修道院の三題ばなしを追ってみます。

フランスはブルゴーニュ地方の小さな村オバジーヌに、ココ・シャネルが十二歳から十七歳まで暮らした修道院があります。十一世紀頃、ここには権力と華美にまみれた教会から脱却し、「祈りと労働」の戒律を重んじるシトー派の修道士たちがいました。彼らは未踏の森であった地に分け入り、原野を開墾して畑に変え、農村を作り出しました。小麦（パン）とぶどう（ワイン）を栽培します。ワインはキリストの血でありミサにも使われる必需品ですが、量産できないため贅沢品でもありました。また、当時はホテルなどというものがないため、王侯貴族が旅をするとその土地の司教館に宿泊し、司教は高貴な旅人に手作りのワインを提供しました。これがブルゴーニュ・ワインの始まりだそうです。

かの有名なシャンペン「ドン・ペリニョン」もオートヴィレール修道院のワイン貯蔵庫長ピエール・ペリニョンの名からとられ、彼の品種改良などの手仕事の技は芸術的で、清貧な修道院の手仕事から贅沢品が生まれるのです。また、この手仕事の贅沢さがココ・シャネルのファッションにも通じているのです。

修道院を出たココを待ち受けていたパリには、フリルや刺繍で飾られた華美な装いが満ちあふれていました。ココは、田舎娘の衣装を脱ぎ捨てパリジェンヌの真似をして流行に同化することはせず、質素な田舎娘の装いを貫きます。実用的で装飾のないシンプルな服を着てパリの街を歩きました。それは修道士の着る白であり、修道院の土色であり、鉛色のステンドグラスの灰色でした。また、時代の要請もありました。第一次世界大戦で男たちは戦場に駆り出され、残された女たちが男の仕事もこなさなければならず、フリルや刺繍は邪魔物だったのです。

修道院を出て二十年後、一九二〇年代にはシャネルのモードが世界を席巻しました。「モードの革命」をもたらしたと言われるシャネルは、女優や貴婦人たちがまとっていた高価なレースや毛皮を拒否し、貧しい労働着の素材であるジャージーを用いました。のちにツイードという生地にとって代わります。また、「仕立てがよくて長持ちすること、歳月に耐える作りのよい服」は「手仕事」の確かさに支えられたものでなければならない。「手仕事」は膨大な時間が必要。（だからブランド品は高いのね）それこそがシャネルの「贅沢」なのだそうです。シャネルのスーツなど着たことがないけれど、世界的ブランドにこんな背景があったとは知りませんでした。映画『ココ・シャネル』のシャーリー・マクレーンはふてぶてしくて、貫禄があって、格好いい。

（二〇一一年九月）

親と子——アニメや絵本をどこまで共有できたか

ＮＨＫＢＳで『赤毛のアン』シリーズが放映されました。『赤毛のアン』『アンの青春』『アンの結婚』それぞれが前後篇。さらに『赤毛のアン・新たな始まり』もあり、すべて録画しました。（時間がたっぷりあるリタイア族の身に感謝しつつ）。なんと言ってもアン役のミーガン・フォローズがいい。恋人になるギルバートのちょっかいに、ちょっと上向きの可愛い鼻をますます上に向けて、ツンとするところなど絶品でした。青春篇のギルバートの甘いマスクも乙女ごころ（？）をくすぐりました。全篇を録画しながら見ている私の顔は、おそらく呆け顔だったろうこと、間違いありません。でも幸せな時間でした。これはいつか孫娘に見せよう、そう思って友人に話したら「むり、むり」と一笑に付されてしまいました。「えっ、どうして？」なぜ無理なのか、友人の言わんとすることがわかるようでわからない私でした。

そういえば、二才の孫息子は電車が好きで、私が買う乗りもの絵本をとても喜んでくれるが、最近、七才の孫娘には「絵本なんかおもしろくない」と言われてしまいました。オルゴールから流れてくるメロデイーよりも、どうして音が出るのかに関心がいってしまうような娘で、宮崎アニメは好きです（親からそれしか許可されていないのかも知れない）。

一方の私は『となりのトトロ』を何度見ても途中で寝てしまうのです。そして、理系っぽい孫娘の七歳の誕生日に選んだ本は、安野光雅さんの『はじめてであう数学の絵本』（福音館）でした。彼女は、今は〝情緒〟にひかれないようです。

ということで、私が孫娘に期待する「子ども像」はかなり幻想であるということがようやくわかりはじめました。当然のことながら孫とおばあちゃんの間には、世代の溝と感性の差があります。それでも「永遠の絵本」はそれを乗り越えられると思っていたのですが。そんなことを『ふしぎなふしぎな子どもの物語――なぜ成長を描かなくなったのか？』（ひこ・田中著　光文社新書二〇一一年）という本に出会ってから考えました。「ドラゴンクエスト」などのテレビゲーム、「ウルトラマン」などのヒーローもの、「ムーミン」や「フランダースの犬」などのアニメ、そしてマンガから児童文学まで「あらゆるジャンルの〝子どもの物語〟を串刺しにして読み解く」ことを試みた本です。私が理解できたのはテレビアニメの「世界名作劇場」と「児童文学」のみ。それでも、三十年ほど前、私より若い人たちがはまっていた萩尾望都、大島弓子などの少女マンガが、私には「遅すぎた」世界であったことが納得できました。また、子どもたちが少女マンガから「コバルト小説」へなぜ流れていったのかという分析は、なぜ図書館のYAコーナーに大量の「コバルト小説」が存在していたのかという疑問への回答のような気もしました。

一九七〇年から八〇年代にかけて、夕方、子どもたちと茶の間で見たハイジやムーミンに、時には涙を流し感動していたのは、親である私だけだったのかも知れません。子どもたちに多少の感動はあっても、親のそれとは世代と感性の差の分だけ異なり、親へのお付き合いもあったのだろうか、と考えさせられました。

（二〇一一年十二月）

図書館利用者が多いわりには…

江東区図書館友の会は創立十周年を迎え、会報である「L／T通信」も二〇一二年三月で四十号となりました。

会報を編集したり、読書会を開催したり、打ち合わせ会をしたりと、この会の運営に関わっているメンバーは、いろいろ出入りがありながらも十人前後で何とか継続してきました。誰に頼まれた訳でもなく、何の名誉がある訳でもなく、ただただ本が好き、図書館が好き、さらには人が好き（お酒が好き？）で集まっている人たちです。そんな彼らのうちで時々漏らされるのが「会報を一〇〇〇部も印刷して配布しているのに、友の会の誘いに乗ってくれる人はどうして増えないのだろう。はたして我がL／T通信は読まれているのだろうか」ということです。

江東区では、図書館で本を借りるために「登録」している人は人口の二十%前後、十万人弱です。出版業界では、常に本を読む人の割合は人口の十%と言われているそうなので、江東区の二十%はとても大きい数字です。なかには図書館に登録しても、例えば夏休みに宿題で一度借りてそのままというケースもあるでしょう。それにしても、十万人という数はすごいことです。こんなに利用されている公共施設は他にないでしょう。

それなのにです。こんなに文化的な力量と環境にありながら、どうして我が「友の会」は大きくならないのでしょうか。また「L／T通信」への反応は少ないのでしょうか。

『大震災の後で人生について語るということ』（橘　玲著、講談社　二〇一一年）を読んでいたら、グローバル化というのはこんなことになるのかと、ちょっと暗澹たる気持ちになってしまいました。「アメリカの会社は、二割のスペシャリスト（専門家）と八割のバックオフィス（事務員）で構成されている」。八割のバックオフィスは同一労働同一賃金、年功序列ではもちろんなく定年制もない。年齢や人種、性別によって待遇を変えるのは「差別」だという考えから、給与は資格や職能によって決まるわけです。

そういえば、大卒でないためにクビになったトム・ハンクスが、大学に入り直すという映画があります。また、自分より若い社員が上司になって現れるのも映画によくあります。こういう状況は、あくまで「能力」において「公正」「正義」でなければならないとい考え方にもとづいているそうです。著者はそれを「流動性のある労働市場が成立している」と指摘しています。

日本では非正規で働く人が増え、会社の年功序列制度は崩れつつあると言われています。まさに、働く現場が「流動」しているということなのでしょうか。アメリカのようにこれからすべて「能力」で競わなければならないとしたら、自ら学ぶ必要性に迫られて、図書館の存在はますます切実なものとなってきます。と、そんなことを考えていたら、図書館の「友の会」の集まりに参加する余裕などないのかもしれないなあと思ってしまいました。

でも、やはりたくさんの図書館利用者がいます。本のこと、図書館のこと、何でも、一声寄せていただければと思います。

（二〇一二年六月）

コロンビア・メデジンの少年

『雨上がりのメデジン』（アルフレッド・ゴメス＝セルダ作　宇野和美訳　鈴木出版　二〇一一年）。

美しいタイトルです。初めて出会う南米コロンビアを舞台にした児童文学。作者はスペインの児童文学作家です。

メデジンはコロンビア第二の大都市の名前。緑あふれる「一年中春の町」と呼ばれる美しい町。その美しい町の貧しい地域に暮らす十才の少年カミーロ。幼なじみのアンドレスと学校には行かず坂の町をほっつき歩く日々。飲んだくれの父のための酒を時には盗んで手に入れる。そうしないと家に入れてくれないのだ。町に大きな図書館ができたが、その時の工事現場から盗んだレンガで家を作ったので、気にはなるが近寄りがたい。

ある日、アンドレスに誘われておそるおそる図書館へ行ってみます。図書館のお姉さんが笑顔で迎えてくれ、写真を二枚持ってくれば本が借りられるわよという。しかし、写真代は二万ペソ（日本円で約八〇〇円）もする。カミーロは写真のきれいな本をTシャツの下に隠して盗み出し、酒屋で酒と交換して父に渡した。二度も。

ある日女子に見つかり「でも変ね、盗難防止用のセンサーがあるはずなのに」と言われる。そして三度目、お姉さんに見つかってしまった。Tシャツの下から本を取り出したお姉さんは「こっちの本の方がおもしろいわよ」とまたカミーロのTシャツの下に隠したのだ。どういうこと？　カミーロはなにがなんだかわかりません。三度目の本を、彼は酒屋で交換できませんでした。当然、家に入れず空き地で雨をしのげるところを見つけます。アンドレスも付き合ってくれました。そして初めてカミーロは酒屋に売らなかった本を開き、読み始めてみるのでした…。

これは、貧しいコロンビアの少年の本との出会い、ということなのでしょうか。「貧しさと暴力のなかで追いつめられた子どもが、盗みや麻薬がらみの犯罪にかかわってしまうことがしばしばある」（訳者あとがきから）と言うコロンビア。本と出会ったことで別の道が開かれるのか、カミーロはその瀬戸際に立っています。新しくできた立派な図書館には、犯罪とは別な世界を見つけてほしいという希望が託されているのです。

コロンビアでは、ろばで本を運ぶ活動をしている人を紹介した『ろばのとしょかん』（集英社）という絵本があります。また、メデジンで「読書計画協力会議」という団体が活動しているそうです。ただ単に「本を貸す」ことではなく、「子どもに本を届けたい」切実な思いが伝わってきます。この図書館のお姉さんの対応は明らかにイレギュラーな行いだと言い切るには、私たちはあまりにも豊かな世界にいると思います。

イギリス映画『リトルダンサー』で、主人公の少年が移動図書館からバレエの本を見つけ、シャツの中に隠して持ち出す場面がありました。同じくイギリス映画『デイアーフランキー』で、無愛想な少年が聴覚障害者であるとわかったとたん、異常なまでに親切に世話をやくおばさん司書の姿も。

本との出合いは実に多様で、その多様性のなかに様々な人間性も表れていて、理念ではなく体温として伝わってくるようです。

（二〇一二年九月）

小説を読んでいない理由

毎日が日曜日の身になって、さあ小説をいっぱい読もう！　と思っていたのに、意外にも本当に小説を読んでいないことにがっくりしています。新聞の書評がおもな選書の拠りどころなので、自ずと新刊本が中心になってしまいます。売れ筋の話題の小説は図書館では予約もいっぱいなのでかなり待たされます。手元に届く頃には「旬」の香りも過ぎて興味も半減ということもある。それでも期待どおりにおもしろかった本が本当に自分の好きなもの、という幸せな結果は稀にしかありません。新刊を追わなければいいとわかっているんですけれどね。

それで常に手元に広げているのは健康本やら原発関連の本やら経済本。文学でもエッセイが中心となってしまいます。図書館で予約があっても売れ筋小説ほどではないのでコンスタントに手元に届くという便利さもあってです。

最近、身内に病を得た人がいて、急きょ、病に関する本をあれこれ「狩猟」しています。まさに「漁って」います。なぜなら病に関する本は本当にいっぱいあるから。本だけではありません。テレビはコマーシャルも番組も「病気」と「健康」のオンパレード。そして確かに言えることはどれも断片的。病気が「ひとごと」であった時はそんな番組をおもしろおかしく観ていましたが、身内が当事者となると真剣にならざるを得ず、図書館のデータを検索します。たくさんの関連本があります。見解の異なる本も手当たり次第に読みます。図書館で借りずに全部自分で購入したらいくらになるだろうと心配になるくらい。そして、いくつかの「目から鱗」的情報にも接することができました。

もっとも「目から鱗」だったのはコレステロールの問題でした。図書館のデータは当然、コレステロールが高いのは危険！　という本ばかり。出版点数に準じていますから。そこで数少ない、コレステロールで薬は飲むな、というような本を見つけ読んでみました。

『コレステロール値が高いほうがずっと長生きできる』（浜崎智仁著　講談社新書二〇一一年）
『コレステロールと中性脂肪で薬は飲むな』（大櫛陽一著　祥伝社新書　二〇〇八年）

数年前、新聞で、コレステロールが高くても家族性高脂血症の人でないかぎり女性では特に薬を飲まなくてよい、というような記事を読んだことがあり、そうなんだと思ったことがありました。でも、それ以降も相変わらずコレステロールは危険だという情報ばかり目につきました。そして最近、前述の本で状況がわかりました。二〇〇七年、日本動脈硬化学会と日本脂質栄養学会（大櫛陽一さんも会員）の間でコレステロール論争があり、製薬業界から多大な献金を受けている日本動脈硬化学会が「危険派」で、おそらく「危険派」の方にお金もメディアも流れているのではないかと。これって「原子力村」と同じ構図ではないかとびっくりしたのです。そう思っていろいろ見てみると、こういう構図はあちこちにあると思えてきました。お金がある方に人はなびくのですね。

ということで小説など読んでいる暇がない、と言ってしまいたいほど刺激的な情報でした。でも本当は小説を読みたい。心震える、人間の真実に触れるような小説を、と思いつつ師走に入りました。

（二〇一二年九月）

美しい小説、美しい図書館

「デビュー作・一挙掲載六五〇枚！」という見出しで紹介されていたこの本を目にしたの

は昨年の夏頃でした。新聞書評欄の雑誌の項。へえーすごい！　と、さっそく日頃読まない文芸誌を図書館に予約、手元に届いたのは数か月後でした。その時はまたほかのことに気を取られていてやむなく返却。

年も暮れて新聞で「二〇一二年、この〇〇冊」という特集が組まれ始めたころ、またこの作品が目に飛び込んできました。それもあちこちで。再度予約、あれこれあってようやく読み終えたのは正月明け。それが『火山のふもとで』（松家仁之著　新潮社　二〇一二年）でした。

大学を卒業したての若者が、憧れであった村井俊輔氏の事務所に就職する。村井先生はフランク・ロイド・ライトに師事して海外での評価も高かったが「華々しく脚光を浴びる」ような人ではなかった。（ということは「華々しく脚光を浴びる」建築家がいたということ）この事務所では夏の間は軽井沢の「火山のふもと」の山荘がみんなの仕事場となる。ここでの建築家としての仕事デビュー、先生のこと、所員の一人ひとり、つかの間の恋愛などがゆっくりとでも濃密に進行する。その時間がとても美しく、堪能しながら読み進めるうちに私にとっては意外な展開になった。

村井事務所が「国立現代図書館」の設計競技への参加が決まり、そこから先生の図書館についての理念が随所で語られことになるから。

「小学校の図書館は、まわりに気がねなくひとりでいることができる場所だった――ひとりでいられる自由というのはゆるがせにできない大切なもので子どもにとっても同じこと。本を読んでいるあいだはふだん属する社会や家族から離れて、本の世界に迎えられる。だから本を読むのは、孤独であって孤独でないんだ。子どもがそのことを自分で発見できたら、生きていくためのひとつのよりどころになるだろう」と考える先生の設計する「国立現代図書館」はどんなものになってゆくのだろうか。

そんな先生が設計した北海道大学新キャンパスの附属図書館は「リビングタイプの大部屋を作り、部屋の中心に四方開放型の暖炉を据え、床のレベルを一段低くして炉床をぐるりと取りかこむスペースで、火にあたりながら本を読むことができる」。それによって、冬季の学生の図書館利用率は飛躍的に向上、大学の文学部志望者まで増加したという。どんな図書館なのか見に行きたくなりました。

「図書館にとって机や椅子、書棚は心臓部ともいえるもので、そのディテールのできしだいで、利用者の経験の質が大きく変わってくる」と考えられる図書館の家具。「信仰のない建築家が、その経験と技術を惜しみなく注いでつくりあげた北区の飛鳥山教会」というのも魅力的だ。だが先生が病に倒れたことで「国立現代図書館」のプランは実現しなかった。先生とは対称的な「華やかな脚光を浴びている」建築家の案が採用される。

一九八〇年代、建築の世界も「どこか騒がしい、風を切るような勢いのあった」時代のことです。数々の建築、設計者などモデル探しもしたくなるが、これは小説なのだと自分に言い聞かせました。

素敵な小説とともに新しい年を始めることができました。今年はきっとたくさんの胸ときめかす小説に出会えるに違いありません。

（二〇一三年三月）

中世の街に見つけた！ 図書館

昨年の十二月イタリアへ行きました。ベネツイア、フレンツエ、ヴェローナからローマに南下。イタリアの背骨といわれるアペニン山脈の丘陵地帯にあるウンブリア州は海のない州。その丘上都市オルヴィエートに寄りました。丘上都市とは広い丘陵の真中に巨大な石の切り株の上に作られた要塞のような城郭都市です。

オルヴィエートは、フイレンツエとローマをつないだ古代の街道カッシア街道にあり、壮麗なドゥオーモ（大聖堂）で知られています。古代ローマよりもさらに前のエトルリア文明が起源であるという古い街。またウンブリア州の州都ペルージャはサッカーの中田選手が在籍したチームとして、日本でもおなじみですが、エトルリア文明の中心を担った都市国家の一つだということです。

そんな石造りの古代の都市の灰色の建物の中に、それはカラフルな図書館を見つけたときには本当に驚きました。夕方四時頃にはもう薄暗く、暖を求めて何気なく入った建物でした。レンガ壁の重い扉を押し開けると暗い廊下があり右手のガラス扉から明かりが漏れていました。

おそるおそる開けるとまた右手にカウンターがありそこに座っていた男性が「カモン！」と手招きしてくれました。なかにはいると「どうぞ」と手を差し伸べ、さらに奥の部屋を指し示します。そこは図書館の子ども室でした。百㎡にも満たないほどの広さに、壁面と部屋の半分が書架になっており、半分は机とパソコンが数台置かれています。部屋

▲ イタリア、オルヴィエートにある図書館の子どもの遊び部屋

の隅にカウンターがあり女性が二人応対していました。

その横には次ぎの部屋への扉が開いていたので進んでいくと、なんとそこは赤い三角屋根の木の上の家がある子どもたちの遊び場なのでした。さらにもう一部屋。のぞいてみると若いお母さんが赤ちゃんにおっぱいを飲ませていました。赤ちゃんと遊べる絵本コーナーのようです。カラフルな色彩の子ども室が三つも！　人口二万人の城郭都市です。

二階は大人のスペース。閲覧室にパソコンブース。若者の姿がちらほら。若い人は少ない街なのだろうなと思わせます。黒光りするカードケースが歴史を物語るように鎮座していました。四角い中庭があり回廊が取り巻いていて、回廊には机と椅子が並び若者が一人勉強中でした。

新聞では財政悪化や若者の高失業率などでスペインに次ぐ危機が騒がれるイタリア。汚職やマフィア、元首相のベルルスコーニ氏に代表されるようなイメージもあります。

でもスローフードの国でもあり、自国の食文化を頑固なほどに大切にする国という印象も受けます。ファストフードのマクドナルドの進出に抵抗した歴史もあります。さらに、最近ではスローシテイという言葉でも紹介されています。

映画好きにはイタリア映画は無視できません。大作では『木靴の樹』や『一九〇〇年』は忘れられないし、最近では六時間半の大作『ジョルダーニ家の人々』を堪能しました。

『ミラノの太陽、シチリアの月』（内田洋子著　小学館　二〇一二年）、『破産しない国イタリア』（内田洋子著　平凡社　二〇〇九年）は、そんなイタリアへの関心を大いに深めてくれました。食文化と家族を大切にして自国の文化を深く愛する国。図書館を大切にする国でもあるはずです。

（二〇一三年六月）

さて、定年後にしたかったことのいくつかを何とかクリアしました。海外暮らし、語学学校、ホームステイと。ほとんど「体験」の域を出ていませんが、まあ次のステップへの足掛かりにはなったと思うことにします。ちなみに「ボランティア」と「運動」はまだ模索中です。

ところで、本を出版する、ということは予定にはありませんでした。でも、書くということは好きでしたので、「定年後にチャレンジしてみたかったこと」の実践記録としてまとめてみました。私の「図書館生活を振り返る」ということと視点が二つになってしまいましたが、定年後の人生も、利用者として図書館は私の生活の一部ですので、ここはやはり「図書館の内から外へ」という一連の流れのなかにあるということで読んでいただければ幸いです。

また、思いもよらず「本を書く」というチャンスを提供してくださった東京シューレ出版の小野さんにまず感謝しなければなりません。結果的に私にとっては、もう考えることはやめようとも思っていた図書館時代を、一度きちんと振り返る機会が得られてとてもよかったと思っています。

三十二年間も関わった図書館への思いは、これだけ文章にしてもまだ整理しきれていないようです。図書館をめぐる動きも気になりますが、私にできることはこれからも一人の利用者として見守っていくことしかありません。何はともあれ、これからの人生も私なりに図書館との二人三脚です。そして図書館ファンとしての思いは「江東区図書館友の会」という場で、その応援メッセージを形にしていくことかなと考えています。

長い間、私のつたない個人的な体験に時間を割いてくださってありがとうございました。「図書館時代を振り返る時」には、ともに働いた仲間たちへという思いが自然に生じましたが、あとがきを書いている今は「図書館を利用しているたくさんの人たちへ」という気持ちになっています。

私たちの図書館を大切に利用し守っていきましょう。

最後に、本書の執筆にあたって『江東区のとしょかん』(江東区立図書館)『江東区立図書館報』(江東区立図書館)を参考にさせていただきました。私の初めての本を楽しみに待ち、励ましてくれる「江東区図書館友の会」の皆さん、図書館でともに仕事をしたたくさんの人たち、そして、図書館で出会い、働く場は別れても、ともに共働きの図書館勤務の苦労を語り合った私の親しい友人たちへ、感謝の気持ちをこめて、ありがとうございました。

二〇一三年八月

なかしま　のぶこ

著　者　紹　介

なかしま　のぶこ

愛知県で生まれる。
大学卒業後上京。
1972年より2003年まで、東京の図書館に勤務。
2007年退職。江東区図書館友の会会員

東京の図書館で働いて―― カウンターの内から外へ

2013年10月25日初版発行

著　者　なかしま　のぶこ

発行人　小　野　利　和

発行所　東京シューレ出版

〒136-0072
東京都江東区大島7-12-22-713　TEL/FAX　03-5875-4465
http://mediashure.com　Email　info@mediashure.com

装　丁
DTP　高橋　貞恩

＊定価はカバーに印刷してあります。

印　刷
製　本　モリモト印刷

ISBN978-4-903192-22-2